한 달 만에
블로그 일 방문자 수
1,000명 만들기

한 달 만에
블로그 일 방문자 수
1,000명 만들기

초판1쇄 2021년 6월 10일 **초판6쇄** 2022년 10월 19일 **개정판1쇄** 2023년 2월 7일 **개정판6쇄** 2024년 6월 25일 **지은이** 권호영 **일러스트** freepik **펴낸이** 한효정 **편집교정** 김정민 **기획** 박자연, 강문희 **디자인** purple **마케팅** 안수경 **펴낸곳** 도서출판 푸른향기 **출판등록** 2004년 9월 16일 제 320-2004-54호 **주소** 서울 영등포구 선유로 43가길 24 104-1002 (07210) **이메일** prunbook@naver.com **전화번호** 02-2671-5663 **팩스** 02-2671-5662 **홈페이지** prunbook.com | facebook.com/prunbook | instagram. com/prunbook

ISBN 978-89-6782-181-4 13000
ⓒ 권호영, 2023, Printed in Korea

값 16,500원

이 도서의 국립중앙도서관 출판예정도서목록(CIP)은 서지정보유통지원시스템 홈페이지(http://seoji.nl.go.kr) 와 국가자료공동목록시스템(http://www.nl.go.kr/kolisnet)에서 이용하실 수 있습니다.

개정
증보판

한 달 만에
블로그 일 방문자 수
1,000명 만들기

권호영 지음

푸른향기
Prunyek Publishing Co.

『한 달 만에 블로그 일 방문자 수 1,000명 만들기』를 출간한 지 1년이 훌쩍 지났습니다. 쓰고자 하는 마음, 나라는 브랜드를 만들고자 하는 마음, 두 번째 월급을 창출하고 싶은 마음 등이 모여 책은 많은 사랑을 받았습니다. 블로그라는 공간은 수단일 뿐, 나아가고자 하는 방향이나 성취하고자 하는 바는 다 비슷하지 않을까요. 아무것도 하지 않아도 그저 흘러가는 시간 속에서 우리는 무엇인가를 해내고자 합니다. 아무것도 하지 않아도 괜찮지만 아무 일도 일어나지 않습니다. 그러나 기록하면 달라집니다. 무슨 일인가 일어납니다. 긍정적인 변화의 시작입니다.

하루 이틀 운동한다고 해서 갑자기 몸이 변화하지 않듯이, 하루 이틀 블로그 했다고 갑자기 달라지는 건 없겠지요. 책 제목『한 달 만에 블로그 일 방문자 수 1,000명 만들기』를 보고 '에이~ 그럼 이 책 읽으면 누구나 다 블로그 방문자 수 많이 나오겠네요?'라는 생각을 하신 건 아니겠죠? 이 책을 읽으면 누구나 다 방문자 수가 높아질까요? 절대 아니죠. '실천'을 해야 합니다.

그럼 1일 1포스팅을 실천하면 되는 걸까요? 역시 아닙니다. 이 책에 나온 '팁을 적용'하여 실천해야 합니다. 그렇게만 한다면 한 달 만에 정말 일 방문자 수 1,000명 만들기 가능합니다. 실제로 1,000명을 훌쩍 넘긴 분들도 있습니다. 그런데 안타깝게도 이 책을 읽고도, 마음속에서만 실천을 수십 번 하고, 실제 블로그를 통한 실천을 하는 분은 소수입니다.

블로그는 그냥 해도 됩니다. 나만의 기록이나 일기로 활용해도 되고, 무의미하게 흘러가는 일상 속 사진첩으로 활용하셔도 됩니다. 그러나 이 책을 집어 들어 개정판의 서문을 읽고 계신 분이라면 그런 마음이 아니겠지요. 이른 퇴사를 위한 수익 창출을 원하거나, 사업체를 운영하거나, 나라는 브랜드를 앞세운 강의를 하고 싶거나, 베스트셀러 책을 출간할 계획이 있는 분들이 아닐까요?

혹시 1년 전에도 '나도 한 번 블로그 해볼까?' 하고 생각하지 않으셨나요? 1년은 이렇게나 금방 흘러갑니다. 그때 기록을 시작하고, 꾸준히 이어왔다면 지금쯤 한 뼘 성장해있는 자신을 보게 될 거라 생각해요. 마음만 먹었다가 실천하지 못했다면, 다시 한 번 도전해보면 어떨까요? 늦은 때는 없습니다. 지루한 시간을 견뎌내야 빛나는 시간이 찾아옵니다.

개정판에서는 그간 진화해온 블로그 알고리즘 및 인플루언서에 대한 정보를 보충하였습니다. 블로그에서 업그레이드 된 부분은 물론, 블로거로서 잘 되려면 가져야 할 마음가짐과 실제 블로거분들의 질문과 답을 보충하기도 했고요. 첫 책보다 조금 더 사세한 내용을 담으려 노력했습니다.

절대 책을 그냥 훑어보지 마세요. 내가 다 잘 안다고 생각하는 것보다, 내가 배울 걸 찾아내는 블로거가 더 빨리 성장합니다. 진정으로 잘 안다는 것은 내가 모르는 걸 잘 아는 것입니다. 다시 한번 책을 자세히 읽어보고, 이미 내가 알고 있었지만 실천하지 못했던 것을 실천하는 시간을 가져보면 어떨까요? 비교하지 않는 마음, 흔들리지 않는 마음, 긍정적인 마음가짐은 필수로 장착하면 더없이 좋고요.

자, 이제 내 블로그로 브랜딩과 수익, 두 마리 토끼를 다 잡을 준비가 되셨나요? 응원을 한 가득 보내드릴게요, 우리 함께 잘해봐요!

블로그, 팬데믹 시대에 각별한 소통의 문이 되다

취미로 네이버 블로그를 시작했습니다. 지금은 약 2만 명의 구독자를 가진 인플루언서가 되었고, 하루 방문자 수가 수천 명에 이릅니다. 블로그에 써 내려간 여행기를 바탕으로 하여 책을 출간하기도 했고, 블로그에 기록한 결과물을 바탕으로 강의를 하기도 했습니다. 가장 큰 소득은 좋은 인연을 많이 만나게 되었다는 거예요. 10년 넘게 블로그 활동을 하면서 자연스럽게 블로거 생리에 대해서도 알게 되었습니다.

팬데믹으로 인한 비대면 시대에 블로그는 더욱 각별한 소통의 수단으로 다가오고 있습니다. 블로그에 기록하기를 원하는 사람들이 점점 많아져 이제는 '제대로' '잘' 하고 싶어 합니다. 제가 블로그를 오래 운영하다 보니, 주변에서 이런 질문들을 많이 하더군요.

- 블로그 어떻게 하는 거예요?
- 블로그 방문자 수 어떻게 늘릴 수 있을까요?
- 포스팅하는 데 시간은 얼마나 걸려요?
- 키워드 잡는 방법이 따로 있나요?
- 협찬은 어떻게 받는 걸까요?
- 원고료는 얼마가 적당하나요?
- 블로그 해서 책 쓸 수 있을까요?

지인들에게 블로그 하는 방법을 시작부터, 혹은 각자의 레벨에 맞게 알려준 적도 있습니다. 그 중 몇몇은 실제 방문자 수를 1,000명, 3,000명, 5,000명 이상으로 늘리기도 했지만, 꾸준한 조언이 필요한 분도 있었고, 중도에 그만둔 분도 있었어요. 그간 말로만 알려주던 것을 글로, 기록으로 남겨보면 어떨까 하는 주변의 요청도 있었고, 저 역시 책으로 만들어보자는 결론에 이르렀습니다.

　블로그 강좌는 이미 널려 있고, 블로그 관련 서적도 시중에 많이 나와 있습니다. 이 책은 방향을 잡지 못해 고민하는 초보-중급 블로거들에게 특히 도움이 될 거라 생각합니다. 오랜 시간 블로그 및 다른 플랫폼을 함께 운영하며 얻은 진짜 팁을 전수할 거니까요. 누구나 이론적으로는 무엇이든 잘할 수 있다고 생각하지요? 이제는 함께 실천하며 블로그를 키워볼 시간입니다.

　서점에서 책을 뒤적이다가 이 책을 발견하고는 '앗! 나도 블로그 잘 해보고 싶었는데!?'라고 생각하셨다면 바로 집어 드셔도 괜찮을 거라 감히 말씀드려요.

　어때요? 블로그 시작할 준비되셨나요?

Contents

Part III   블로그 관리와 확장 노하우   220

책 읽기 전, 유의사항

1. 이 책의 내용은 10년 이상 블로그를 운영하며 터득한 노하우 및
   네이버 블로그팀 운영방침 일부를 바탕으로 채웠습니다.

2. 언제나 예외는 있습니다. 현존하는 모든 블로거에게 일괄 적용되는
   사례는 아니겠죠? 블로거의 인지도에 따라 다르게 적용되기도 하고
   요. 이미 최적화된 블로그, 지금 막 시작하는 블로그, 소소하게 운영
   중이던 블로그 등, 각 블로그의 상황이 다르기 때문입니다.

3. 이미 활동 중인 블로그를 키우기 위한 팁을 드려요.

4. 수익화에만 초점을 맞추지 않습니다. 퍼스널 브랜딩도 함께 해나가요.

5. 책의 목차를 보고, 선택적 읽기를 하지 마세요. 이미 블로그를 잘 안
   다고 생각하는 분은 이 책을 펼칠 이유가 없습니다. 다 아는 내용이라
   고 말하는 분들의 블로그에 가보면 책에 있는 팁을 전혀 적용 안 한
   경우가 많았어요. 이왕 책을 펼쳐 들었다면 처음부터 끝까지 천천히
   정독해보세요. 실전 팁을 아낌없이 전수해드립니다. 꼭 실천하세요!

Part I

블로그를
시작하기 위한
준비와 기획

I

블로그 시작 전에 짚고 넘어가기

1 블로그, '나'라는 브랜드 만들기

개인 브랜딩 시대입니다. 꼭 사업가나 프리랜서만이 브랜드를 구축하는 시대는 끝났어요. 나는 누구인가? 나는 행복한가? 나는 어떻게 살고 싶은가? 라는 질문은 우리 삶 속에서 끊임없이 떠오르는 질문이 아닌가요? 우리는 도전하고 성취하는 삶을 지향하고 있어요. 무언가를 이루었다는 안도감에 더해진 성취감은 하루를 잘 살아냈다 토닥여주는 힘이 되기도 하니까요.

그 도전과 성취는 바로 경험이 됩니다. 그 경험은 우리 사는 이야기가 되고, 차곡차곡 쌓이는 진솔한 이야기는 관계의 연결고리가 됩니다. 사람과 사람이 이어지는 그 첫걸음, 바로 '나'라는 브랜드 만들기입니다.

블로그에 무슨 글을 쓰지?

하루를 살아가면서 하는 일들, 그러니까 시간을 어떻게 활용하고 있는지 질문을 해보면 "아, 아무것도 한 게 없어. 오늘도 시간이 빨리 갔네. 후회해!"라고 대답하게 될 때가 많아요. 왜 그럴까요? 분명 회사를 다녀왔고, 운동을 하거나 집안일도 했으며, 친구를 만나거나 책도 조금 읽었을 텐데요.

손에 잡히고, 눈으로 보이는 결과물이 있어야만 안도하기 때문인지도 몰라요. 그것만이 정답은 아니라는 걸 알면서도 말이죠. 알면서도 미처 깨지 못한 이 틀은 인간의 기본적인 인정 욕구와 목표 달성 욕구와 맞닿아 있는 듯해요. 우리의 사회적 존재 입지를 확고히 하고 정체성을 확립하는 일부 과정이라고 생각합니다.

당장 내가 무엇을 이루지 않았다고 자책하지 마세요.

책을 읽고 서평 써보기, 오늘의 기분 일기로 남겨보기, 육아일기 써보기, 요리 과정 기록하기, 내가 가진 전문 지식을 나눠보기 등등…. 이렇게 기록으로 남기다 보면 나중에 큰 자산이 될 수 있습니다. 하루가 그냥 흘러가는 것 같아서 아쉽다면 블로그부터 시작해 봐도 좋을 거예요. 그러다가 수익 창출이나 셀프브랜딩까지 이어진다면 더없이 좋을 거고요.

3 블로그, 잘 할 수 있을까?

"블로그 하고 싶은데, 잘 할 수 있을까요?"라는 질문을 종종 받았어요. 블로그는 누구나 시작할 수 있습니다. 그건 자명한 진리인데, '잘' 할 수 있는 건 사뭇 다르게 해석하게 됩니다. '잘' 한다는 건 본인에게 달려있기 때문이지요. 그럴 때면 저는 되묻곤 해요.

"블로그 왜 하고 싶으세요?"

하고 싶은 이유나 목표가 명확할수록 블로그를 잘 할 수 있습니다. 일상 기록용인지, 사업을 홍보하기 위함인지, 체험단을 하고 싶은지, 수익창출을 이루고 싶은지, 그렇다면 하루에 얼마나 시간을 투자할 수 있는지 등등 미리 계획하는 단계가 필요해요. 그냥 하고 싶어서 무작정 시작한 사람과 진심으로 블로그를 키워보고 싶은 사람의 종착지는 달라지기 마련이에요.

냉정하게 말씀드리자면 꼼꼼하고, 기획력 있고, 사진 찍는 센스나 문장을 만들어내는 힘이 있는 사람에게 조금은 쉽게 다가올 수는 있어요. 프롤로그에서도 언급했지만, 이는 모든 이에게 해당하는 말은 아닙니다. 제 지인은 완벽주의자여서 오히려 블로그를 어려워하셨거든요. 포스팅 하나 올리는 데까지 공들이는 시간이 꽤 오래 걸려 진이 다 빠지고 말테니까요. 그에 반해 포스팅을 쉽게 하는 것 같아 보이는데도 포인트를 잘 뽑아서 방문자 수가 많은 블로그가 있을 수도 있고요.

블로그 포스팅 하나에 투자할 수 있는 시간과 적당한 사진 퀄리티, 적당한 글솜씨와 글감(키워드) 선택 능력 등을 갖추고 있다면 더없이 좋을 거고요. 만약 자신이 없다 하더라도 이 책을 통해서 용기와 팁을 잔뜩 얻어 가시길, 방치해 두었던 블로그를 다시 시작해 보시길 진심으로 바랍니다. '나'라는 브랜드 만들기 여정을 함께 시작해요. 응원할게요.

블로그 할 시간 있을까?

1. 취미, 특기, 도전과제 적어 보기

2. 하루 중 언제, 어디서, 얼마나 시간을 투자하여 블로그를 운영할 수 있을지 계획해 보기

다들 하는 블로그 꼭 해야 하나요?

세상은 소셜미디어를 중심으로 돌아가고 있다고 해도 과언이 아닐 정도로 많은 사람들이 SNS를 사용하고 있죠. 체감상 어떤 플랫폼이 가장 인기 있을 것 같나요? 다음 사진을 한 번 보세요. 정보탐색을 위한 소셜미디어 이용 행태에 관한 「소셜미디어와 검색포털 트렌드 리포트 2022」에서 보면 알 수 있듯이 현재 우리나라에서 굳건히 1위를 차지하고 있는 건 바로 네이버입니다. 통계라는 건 전 국민 대상의 결과물이 아니기 때문에 일부 표본일 수도 있지만 그럼에도 무시할 수 없는 부분입니다.

각 플랫폼의 특성이 분명히 있고, 연령대별로 선호하는 SNS도 다릅니다. 많은 사람들이 글보다는 이미지에 의존하는 SNS를 사용할 것 같지만, 실제 통계는 다르게 말하고 있습니다. 브랜딩과 마케팅 분야에서 블로그는 다른 플랫폼과 경쟁하지 않습니다. 오히려 상생을 위한 좋은 통로가 됩니다.

흥미 증진을 위해서나 지인과의 교류를 위한 운영이 아니라, 나만의 브랜드를 형성하고 비즈니스 영역을 확장하고 싶다면, 블로그가 좋은 발판이 되어줄 수 있습니다.

플랫폼의 성격에 따라 이용 빈도와 시간은 물론 플랫폼을 이용하는 방식에서도 차이가 나타납니다

메신저 중심의 카카오톡과 정보 검색 중심의 네이버는 접속 빈도가 높고, 동영상 콘텐츠 중심 플랫폼인 유튜브와 틱톡은 한 번 접속 시 이용 시간이 깁니다.
특히, 유튜브는 인스타그램 대비 정보를 직접 검색하는 응답자 비중이 높아, 성숙기의 플랫폼에 보이는 특징적 이용 행태를 보이고 있습니다.

일 평균 접속 횟수 [단위:회]	**4.0**회	**4.8**회	**2.6**회	**1.5**회	**8.6**회	**5.5**회
1회 평균 이용 시간 [단위:분]	**18**분	**50**분	**33**분	**15**분	**13**분	**25**분
콘텐츠/게시물 접속 후 행동 Top3 [복수 응답, %]	게시물에 좋아요/하트/마음 등을 누른다	필요한/알고 싶은 정보를 직접 검색한다	게시물에 좋아요/하트/마음 등을 누른다	계정이나 홈 화면에 뜨는 게시물을 보기만 한다	계정이나 홈 화면에 뜨는 게시물을 보기만 한다	필요한/알고 싶은 정보를 직접 검색한다
	계정이나 홈 화면에 뜨는 게시물을 보기만 한다	계정이나 홈 화면에 뜨는 게시물을 보기만 한다	계정이나 홈 화면에 뜨는 게시물을 보기만 한다	게시물에 댓글을 단다	필요한/알고 싶은 정보를 직접 검색한다	계정이나 홈 화면에 뜨는 게시물을 보기만 한다
	필요한/알고 싶은 정보를 직접 검색한다	게시물에 좋아요/하트/마음 등을 누른다	필요한/알고 싶은 정보를 직접 검색한다	게시물에 좋아요/하트/마음 등을 누른다	게시물을 타인에게 공유한다	게시물과 관련된 제품/서비스를 구매/이용한다

전반적인 정보 탐색 시 이용하는 플랫폼은 네이버 > 유튜브 > 카카오톡 > 구글 > 인스타그램 > 다음 등의 순으로 나타납니다

남성은 구글·페이스북 등을, 여성은 네이버·카카오톡·인스타그램 등을 이용하는 비중이 상대적으로 높은 편이고, 20~30대에서 타 연령대 대비 다양한 플랫폼을 이용하고 있습니다.

전반적인 정보 탐색 시 이용 경험 플랫폼

전체 대비 유의미하게 □ 높음 □ 낮음
(95% 신뢰수준, 85점 ± 30간 차이만 표기)

	최근 1개월 내 이용 경험 전체	최근 1주일 내 이용 경험 전체	성별 남성	성별 여성	연령 10대	연령 20대	연령 30대	연령 40대	연령 50대
base	(1000)	(990)	(2548)	(2411)	(356)	(1015)	(1025)	(1248)	(1313)
네이버	93.9	91.2	93.9	92.5	88.8	94.1	93.3	91.9	87.3
유튜브	86.0	82.6	89.5	82.2	86.6	87.0	83.4	79.8	80.7
카카오톡	83.0	81.6	78.2	85.3	78.0	64.3	81.0	81.5	81.7
구글	76.4	59.7	76.1	53.8	75.1	82.4	73.8	60.7	46.6
인스타그램	59.4	53.4	49.9	57.1	74.6	76.5	66.2	44.6	28.9
페이스북	49.8	39.7	40.6	38.4	7.3	24.4	39.7	48.6	51.7
네이버 밴드	35.7	26.1	31.5	20.3	34.1	30.9	24.6	23.8	23.6
줌(화면 포털 ZUM)	32.7	24.6	25.7	23.1	10.1	15.7	26.8	28.2	28.4
트위터	19.9	14.2	13.9	14.6	32.4	21.6	13.8	8.4	8.6
네이버	22.3	13.7	12.3	15.1	8.9	14.9	15.6	14.0	12.3
카카오스토리	18.3	13.6	12.6	14.6	5.6	10.0	21.1	15.8	10.0
틱톡	19.9	12.7	14.9	14.0	1.7	4.5	10.0	16.0	20.9
블라인드	13.3	8.9	10.1	7.6	21.2	8.8	8.7	7.7	7.0
에브리타임	10.6	7.9	10.4	5.1	1.4	10.0	16.1	6.6	2.8
에브리타임	10.4	7.9	7.3	8.6	13.2	28.5	2.0	0.8	1.0
디스코드	8.9	5.3	3.5	7.3	11.2	8.7	7.0	2.8	2.1
링크드인	5.3	3.4	4.7	1.9	0.8	4.1	6.1	2.5	2.1
스타일쉐어	4.7	2.5	1.3	3.8	11.7	3.7	2.3	0.8	0.8
웨이보	2.8	2.0	1.8	2.2	10.6	1.8	1.4	1.9	0.8
텀블러	4.1	1.9	2.4	1.4	0.6	2.0	2.7	1.8	1.7
빙	3.0	1.3	1.8	0.7	0.8	1.6	2.0	0.8	1.0
�	1.4	0.8	0.9	0.7	0.0	1.0	1.8	0.3	0.6
평균 이용 개수	6.6개	5.6개	5.7개	5.5개	5.8개	6.2개	6.0개	5.4개	5.0개

국내 타깃 블로그 VS 해외 타깃 블로그, 어떤 게 더 좋을까요?

블로그를 운영하는 목적과 운영을 통해 이루고 싶은 목표가 무엇인지 정확히 설정하면 답이 나올 거라 생각합니다. 블로그는 크게 다음과 같이 나눌 수 있습니다. 아래 내용을 참고하여, 본인에게 맞는 블로그를 시작해보세요.

❶ 네이버 블로그

국내 최대 검색 사이트이며, 기본으로 제공하는 서비스만으로도 충분히 블로그 개설 및 관리가 용이합니다. 사용자가 많기 때문에 이웃 간의 소통이 쉽죠. 마케팅 제휴 및 광고 활동이 가능합니다. 단, 네이버 정책에 맞게 운영해야 하는 도전이 있겠네요. 한국어 사이트라고 해도 해외 유입은 꽤 있는 편입니다.

❷ 티스토리

티스토리는 구글 애드센스 광고 수익을 얻을 수 있어서 많은 분들의 선택을 받았습니다. 또 다른 장점은 독립적으로 블로그를 만들고 구성하여 운영할 수 있다는 점입니다. 단, 네이버에서의 잦은 상위노출은 기대하기가 어렵습니다.

③ 블로그 스폿

해외 블로그 서비스인 블로그 스폿은 마치 개인 홈페이지처럼 운영이 가능합니다. 구글 기반이라 서비스 안정성도 좋다고 하네요. 영어로 블로그를 꾸려나가고 싶은 분들에게 적합한 옵션이지만, 국내 이용자를 타깃으로 하기에는 무리가 따릅니다. 국내 사용자 수가 적을뿐더러, 영어 블로그를 찾아보는 경우도 적기 때문이지요.

④ 개인 도메인을 가진 홈페이지형 블로그

자신만의 개성이나 브랜드를 나타내는 정확한 이름을 인터넷 주소로 사용할 수 있다는 장점이 있습니다. 도메인 유지비(1년에 약 2만 원)가 있긴 하지만, 애드센스 및 기타 광고 수익을 통해 충분히 감당이 가능하죠. 단, 홈페이지 제작부터 디자인까지 모든걸 직접 꾸려나가야 한다는 단점이 있습니다. 일단 한 번 만들어두면 어디에도 얽매이지 않고 자유롭게 운영할 수 있다는 장점이 있고요.

II

블로그 정체성
설정하기

(블로그를 왜 하고 싶나요?)

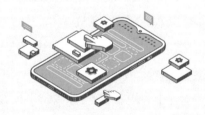

블로그를 하는 이유는 크게 아래의 세 가지 이유로 나뉩니다. 물론, 특별한 이유 없이 그냥 하는 경우도 있습니다. 그건 그야말로 자기 일기장처럼 기록하는 경우인데요, 그럼에도 비공개가 아니라 공개로 일기장을 올리는 이유는 누군가 봐주길 바라는 마음이 조금은 있어서일지도 모릅니다. 얼마 전에 읽은 책 속 글귀가 생각나네요.

'일기든 편지든 글자로 적힌 것들은 다 읽히고 싶어한다.'
[정용준(2020), 「내가 말하고 있잖아」 (민음사), 114쪽]

적어도 지금 이 책을 펼친 분들이라면 한 명이라도 더 내 블로그를 봐주기 위한 마음을 가지고 있다는 뜻이 있지 않을까요? 내 블로그의 어떤 부분을 봐주면 좋겠는지 생각해보는 시간을 갖도록 해볼게요.

더불어 꼭 기억해야 할 중요한 사실! 내 글이 아무리 잘 쓴 글, 좋은 글이라도 사람들이 저절로 모이지 않습니다. 블로그는 검색어 기반이니까요. 내 블로그에 사람을 모으고 싶다면 키워드 있는 포스팅을 주기적으로 하셔야 해요. 인기 키워드가 비록 내 관심사가 아니더라도, 내가 다루고 싶지 않은 분야라도, 포스팅하는 데 손이 가고 어렵더라도 해야 합니다.

그래야 검색을 통해 블로그로의 유입이 있겠죠. 그래야 내가 보여주고 싶은 글도 읽고, 구독버튼까지 누르게 될 거고요. 그렇게 점점 좋은 글이 쌓이다 보면 키워드 있는 포스팅을 자주 하지 않아도 구독자들로 인해 방문자 수는 유지될 수 있을 거예요.

1. 일상 블로그

① 소소한 일기장

진짜 일상을 카테고리별로 묶고 싶거나 사진과 함께 기록하고 싶은 경우. 이웃이 와서 공감해주거나 댓글 소통을 해주면 좋고, 아니어도 상관없는 경우. 이런 블로그 유형은 방문자 수에 별로 얽매이지 않고, 자기 기록에만 집중하는 경향이 있겠죠. 진짜 내 공간으로만 꾸미는 블로그입니다.

② 유명인의 기록장

가수 이효리님이 블로그를 열었을 때 기억하시나요? 블로그를 꾸미지 않아도 하루 10만 명 이상 방문자 기록을 세웠죠. 특별하지 않더라도 유명인의 일상은 궁금해지기 마련인데요, 이때 유명인이란 꼭 연예인을 뜻하는 건 아니에요. 누군가 좋아하는 책을 쓴 작가일 수도, 육아일기를 쓰는 엄마일 수도, 집에서 살림하는 아빠일 수도, 유머감각 넘치는 보통 사람일 수도 있어요. 인터넷 공간에서 내 취향의 블로거를 발견하면 '구독'으로 이어지고, 그 사람이 궁금해서 자주 방문하게 되는 이치예요. 특별한 키워드를 장착하지 않아도 순수 구독자가 방문하게 되는 경우입니다.

③ 일상 + 적절한 체험단

일상이나 여행기를 기록하고 싶은데, 가끔은 맛집 방문이나 도서 서평단 등의 소소한 체험을 해도 좋을 것 같은, 이런 블로그가 가장 흔하게 시작하는 유형입니다. 주의할 점은 체험단에 재미 붙이다가는 점점 블로그가 체험 블로그로 둔갑하게 될 수도 있다는거죠. 그게 잘못된 거냐고요? 절대 아니죠. 단, 내가 최초에 정한 내 블로그 성체성이 '일상 블로그'나 '여행 블로그'였다면 체험단(광고성) 포스팅을 하는 중간 중간에 정체성을 살리는 포스팅도 잊지 않으면 좋다는 것입니다. 그게 아니라면 아예 상업성 블로그로 전환해도 괜찮고요. 단, 수익성 블로그로만 활동한다면, 브랜딩까지 다 이루기는 어려울 수 있겠죠.

④ 글쓰기 및 자기계발

자신만의 에세이나 소설, 시 등을 차곡차곡 모으는 공간으로 활용하는 경우입니다. 최근에는 카카오 브런치에서 글을 쓰는 분들이 많지만, 블로그에서도 여전히 좋은 글이 풍성한 공간을 만날 수 있습니다. 간혹 블로그는 상업적으로 변했고, 브런치만이 글을 쓰기에 적절한 공간이라는 주장을 하는 분의 글을 발견하기도 합니다. 제 의견은 조금 달라요. 블로그와 브런치 둘 다 좋은 글과 상업적인 글이 공존합니다. 본인에게 맞게 적절히 활용하시면 돼요. 저 역시 여러 개의 플랫폼을 각각의 성향에 맞게 활용하고 있습니다.

 상업 블로그

① 사업 홍보용

쇼핑몰이나 병원, 과일가게, 스마트 스토어 등 나의 사업체를 홍보하기 위한 블로그를 개설하는 경우입니다. 블로그명과 닉네임을 사업체 이름으로 시작하곤 하죠. 사업체 대표님이 홍보를 위한 블로그를 직접 운영하는 경우도 있지만, 블로그 광고 대행업체에 맡겨서 운영하는 경우가 많을 거예요. 그런데 광고 대행업체를 잘 알아보지 않고 무작정 맡겼다가는 진정성 있는 포스팅이 잘 쌓이지도 않고, 복사 붙여넣기 식 댓글도 많아서 오히려 사람들에게 거부감을 사게 되는 경우도 종종 있어요.

제가 가장 추천하는 건 사장님이 직접 블로그 운영에도 관여하는 방식이랍니다. 너무 바빠서 도저히 블로그 운영까지 할 시간이 없다 하더라도, 관심을 두는 것과 아닌 것에는 큰 차이가 있어요. 체험단을 모집할 시기에 체험단에게 제공하는 서비스를 체크하거나, 고객들로부터 피드백을 받았을 때 확인하는 등, 대표로서 적재적소에서 반응하고 연구하는 모습을 보여야 합니다. 내 사업체를 나 자신만큼 신경 써줄 사람은 없을 테니까요. 그렇지 않으면 나도 모르게 내 사업체가 잘못된 서비스 체험을 제공하여 안좋은 인상을 남길 수도 있습니다.

광고 대행업체에 맡기지 않고 직접 운영하는 사업체는 블로그 포스팅뿐만 아니라, 댓글 소통에서도 차이가 납니다. 진심이 담긴 블로그는 소통이 가능한 이웃들이 늘어납니다. 이웃 블로거들은 결국 내 잠재적 고객이 될 수 있다는 걸 잊지 마세요.

② 광고 수익용

광고 업체에서 의뢰를 받아 원고료를 받고 블로거가 직접 광고 포스팅을 하는 경우인데요, 이때 원고료는 블로그 방문자 수에 따라 20,000원~600,000원 이상까지 다양합니다. 원고료를 많이 받으려면 일 방문자 수를 높여놔야 합니다. 많은 방문자 수를 확보하기까지 걸린 시간 동안 내 블로그의 포스팅 질도 높아져 있겠죠. 그럴수록 광고주들은 내 블로그에 광고를 하고 싶어서 컨택을 하기 시작합니다.

간혹 내 블로그의 게시판 하나를 광고 대행업체에 빌려줌으로써 대여비를 받거나, 마케팅 업체가 준 사진과 원고를 비슷하게 작성하여 적은 금액을 받는 경우도 있지만, 이 두 가지 방법은 추천하지 않습니다. 내 개인정보인 아이디를 공유하는 건 위험한 일이고, 업체에서 주는 사진이나 원고를 똑같이 사용하게 되면 다른 블로그와 중복이 되어 유사문서로 분류될 가능성이 크기 때문입니다. 내가 직접 작성하지 않은 포스팅 개수가 늘어나고, 유사문서 개수가 늘어나면 결국 소위 저품질에 걸릴 수도 있습니다. 아니, 저품질(스팸필터)에 분명히 걸립니다. 수익용 블로그에 관한 정보는 「Part Ⅲ. 블로그 관리와 확장 노하우 - Ⅱ. 블로그 확장 및 수익창출, 이렇게 하면 된다」 부분에서 더 자세히 전해드릴게요.

③ 체험단 전용

1-③에서 언급한 것처럼 내 블로그 주제를 유지하면서 체험단 활동을 하는 경우입니다. 체험단의 범위는 매우 넓어요. 화장품이나 액세서리 같은 소모품부터 청소기나 에어컨 같은 가전제품, 여행상품이나 비행기 티켓, 전시회 같은 문화생활이나 미용실이나 필라테스 같은 체험형이 될 수도 있고요. 체험단 역시 너무 자주 하면 광고성 블로그라는 느낌을 감출 수는 없겠지만, 어떻게 포스팅 하느냐에 따라 긍정적인 이미지를 풍길지, 부정적인 이미지를 풍길지 결정이 되겠죠?

3 정보성·전문 블로그

① 전문, 취미 분야

요리, 화장품, 스포츠, 어학, 책, 경제, IT 관련 정보 등 본인의 강점을 극대화할 수 있는 포스팅을 지속적으로 하는 경우입니다. 포스팅의 질이 좋고, 보기에도 좋으면 점점 구독자가 늘 거예요.

여러분의 직업, 혹은 여러분이 하고 있는 취미도 전문 분야라고 할 수 있습니다. 최근 네이버 블로그는 한 가지 주제를 전문으로 하는 인플루언서 제도를 성장시키고 있습니다. 일 방문자 수가 높지 않더라도 한 가지 주제로 오랫동안 꾸준히 블로그를 운영한 경우에는 공식적으로 소개를 해주기도 하는 등 전문 분야 블로그가 인정받는 추세입니다.

② 이슈, 검색어 순위 분야

이슈가 되고 있는 연예인 이야기, 코로나 소식, 대통령 선거 관련이나 경제 등 이슈가 될 만한 건 무엇이든 다 포스팅하는 경우입니다. 이럴 경우 내 블로그를 브랜딩하기는 어려울 것 같아요. 검색어 순위에 언급된 키워드만을 노리는 포스팅은 장기적으로 볼 때 좋지 않습니다. 단, 자신의 독창적인 의견을 첨부하거나, 한눈에 보기 좋게 정리하여 포스팅을 한다면 마치 매일 아침 뉴스를 보듯 구독으로 이어질 수도 있겠네요.

블로그 정체성 찾기

1. 하고 싶은 / 잘 할 수 있는
   포스팅 주제와 글감 적어보기

2. 블로그 카테고리와 소메뉴 구상하기

블로그 제목과 닉네임 정하기

(내 닉네임 괜찮을까?)

의외로 내 닉네임이 이미 쓰이고 있는 경우가 많아요. 블로그를 만드는 최초의 시기에 흔한 이름으로 설정했다면 그 숫자가 엄청날 거예요. 심지어 내 닉네임을 따라 하거나 악용하는 사람도 있을 수 있어요. (반대로 나도 모르게 다른 사람의 이름을 따라하게 된 경우도 생기겠죠.) 그뿐 아니라, 블로그 제목과 닉네임은 나의 첫인상을 대변하는 이름이 될 수도 있기 때문에 블로그 브랜딩이라고 생각하고 주의를 기울이는 게 중요합니다. 블로그를 시작하는 목적과 블로그 주제를 잘 나타내면서도 나만이 가진 차별성을 표출할 수 있어야겠죠.

내 블로그의 주제가 담긴, 유의미한, 나만의 차별성을 두는 것을 기본 전제로 둔 상태에서 블로그 이름과 닉네임을 만들 때 고려해 볼 점이 무엇인지 알아볼까요?

❶ 블로그 이름 짓기 5가지 원칙

2006년, 제가 처음에 블로그를 만들 때는 단순히 취미 생활이라고만 생각했기 때문에 이름을 정하는 데 큰 고민을 하지 않았어요. 그저 내 닉네임과 블로그에서 나누고 싶은 내용을 직관적으로 알아차리기 쉽게 블로그 명을 정했던 거죠. 「Erin쌤의 영어와 여행이야기」 처럼 「OOO의 OOO」의 형태를 가진 블로그 이름이 많이 있어요. 블로그를 나타내는 가장 기본적인 형태랄까요?

그런데 지금 보기에는 어떨까요? 계속 사용하기에 나쁜 제목은 아니지만, 저만의 색깔이 더 들어간 독특한 블로그 이름으로 바꾸고 싶어집니다. 센스가 돋보이는 세련된 이름을 고민해보고 싶기도 해요. 그럼 지금이라도 블로그 이름을 바꾸는 게 좋을까요? 그건 또 아니랍니다. 오랫동안 사용해 온 이름이기 때문에 갑자기 바꾸기에는 무리수가 있어요. 이미 'Erin쌤' 검색어 유입이 꽤 있을 정도로 블로그를 키워놨기 때문에 브랜드명처럼 유지하는 게 최선이에요.

블로그를 처음 만들었거나, 아직은 블로그 이름을 바꿔도 될 정도의 시기라고 생각하면 부르기 쉬우면서도 의미 있는 블로그 제목을 만들어보세요. 외국어보다는 한국어로 검색하기 쉬운 제목이 좋아요. 여러 블로그를 검색해보면서 힌트를 얻는 것도 한 방법입니다. 10년, 20년 뒤에도 계속 사용할 제목이라는 걸 꼭 염두에 두시고요. 그렇다고 내 블로그의 콘셉트와 아예 다른 방향의 그저 예쁜 이름만으로는 부족합니다. 다음 사항을 고려해서 이름을 지어볼까요.

① 블로그의 주제와 목적이 드러나도록
② 나만의 차별성을 담아
③ 부르기 쉽고, 기억하기 쉬우며
④ 검색했을 때 중복이름이 없을 만한
⑤ 유의미한 한글 이름

내 블로그명과 닉네임이 중복되는지 검색해보기

1. 잘 지은 블로그 이름과 닉네임 조사하기

2. 블로그 이름 아이디어 떠오르는대로 메모하기

3. 부르기 쉽고 유의미한 닉네임 생각해 보기
   (활동하는 다른 소셜미디어 이름과 일치하면 좋아요!)

독창적이고 부르기 쉬운 닉네임 짓기

1) 부르기 쉬운 이름

블로그 소통을 하다 보면 'OO님'이라는 말을 많이 쓰게 됩니다. 그때 내 이름이 너무 길고 복잡하다면 어떨까요? 누군가 내 이름을 부르기가 쉽지 않겠죠? 두 어절 이상의 긴 닉네임을 쓰고 싶다면 줄임말로 짧게 쓸 수 있는 발음일지, 입에 잘 붙는 이름인지 생각해보면 좋을 거예요. (예: 진격의 달팽이 → 진달님)

저는 최초로 '보노얌얌'이라는 닉네임으로 블로그를 시작했어요. 학창시절 보노보노라는 별명을 가지고 있었거든요. 동시에 블로그 제목이 「Erin쌤의 영어와 여행이야기」 이다 보니, 사람들이 '보노얌얌'이라고 부르거나 'Erin쌤'이라고 부르거나 둘 중 하나였지요. 오랜 시간이 흘러 지금은 대부분 'Erin(님)'이라고 불립니다. 훨씬 가볍고 부르기 쉽죠? 대신 Erin은 흔한 영어 이름이기 때문에 독창성은 떨어집니다. 저도 블로그를 처음 만들 때부터 이런 부분을 고려했으면 좋았을 텐데, 그러지 못해서 아쉬움은 남아요. 그럼에도 저를 Erin이나 Erin쌤으로 기억해서 검색해주시는 분들이 있기 때문에 열심히 활동하는 데 집중하고 있습니다.

2) 닉네임 지키기

나만이 가질 수 있는 이름을 생각해보면 좋아요. 그런데 여기서 주의할 점은, 세상에 없던 나만의 닉네임을 찾았다고 기뻐하며 안심하기에는 이르다는 것입니다. 결국 내 이름이 좋으면 누군가가 또 사용하기 마련이거든요.

그럴 때 대처할 수 있는 방법이 있냐고요? 없죠. 특허청에 등록한 사업자명이 아닌 이상, 블로그 닉네임이 중복 사용되고 있다고 해서 저작권에 걸릴 일은 없으니까요. 하지만 방법이 아예 없는 것은 아닙니다.

① 대처법 1

내 블로그를 '웹사이트'로 등록하기 서비스가 있었습니다. 네이버에서 생각할 때 '이 블로그는 하나의 사이트로 인정 가능하다.'라고 생각하면 웹사이트 등록을 허가해주었죠. 그럴 경우 내 블로그 이름을 검색하면 무조건 상단에 '웹사이트'로 뜨게 됩니다. Erin쌤으로 활동하는 분들이 많이 있지만, 실제로 'Erin쌤'을 검색하면 제 블로그가 최상위에 뜨는 걸 확인할 수 있어요.

그런데 '웹사이트로 등록하기' 서비스가 2018년 이후로 종료되었습니다. 그런데 왜 소개했냐고요? 웹사이트 영역 자체가 사라진 게 아니기 때문입니다. 과거에는 '웹문서' 영역과 '사이트' 영역이 따로 있었는데, 이제는 '통합' 영역에서 검색 결과가 보여집니다. 이러한 변화와 동시에 2018년 이전에 사이트로 등록한 서비스는 계속 유지하되, 새로운 블로그들이 웹사이트로 노출되는 건 검색 로봇이 담당하게 되었습니다. 즉, 내 블로그 이름이나 닉네임을 웹사이트로 미처 등록하지 못했다고 하더라도 블로그 지수가 높다면 '통합' 영역의 상단에 노출될 확률이 커지는 거죠. 블로그 지수에 관한 이야기는 뒤에서 자세히 다룰게요.

내 사업체 관련 홈페이지가 따로 있는 분들은 '네이버 서치어드바이저'에 웹사이트를 등록하세요. 네이버에서 본인의 사업체 이름을 검색했을 때 상단에 뜨게 됩니다. 홈페이지와 같은 이름의 블로그도 함께 운영하면 더욱 좋겠죠. 똑같은 이름의 브랜드가 여러 개가 있을 경우에 블로그 지수 경쟁에서 이겨야만 상위에 뜰 테니까요.

웹마스터 도구에서 내 사업체 사이트 등록하기

② 대처법 2

내 닉네임이나 블로그명이 들어간 제목을 활용한 포스팅하기입니다. SNS에서 본인의 블로그를 홍보하거나 친구에게 블로그를 알려줄 일이 있을 때 어떻게 알려주는 게 가장 쉬울까요? "네이버에 OOO라고 검색해봐. 바로 나올 거야." 가 아닐까요? 링크를 전달해줄 수도 있겠지만, 네이버에 검색해서 결과가 1페이지에 나온다면 더없이 좋겠죠. 그러려면 앞에서 설명한 '이름의 중요성'도 간과하면 안 되겠지만, 검색 페이지 상단에 뜨는 것도 중요하겠죠.

상위노출을 목적으로 일부 포스팅 제목에 제 닉네임을 넣었기 때문입니다. Erin쌤 슬랭영어, Erin쌤 여행, Erin 일상 등을 포스팅 제목에서 활용한 거죠. 그렇다고 이런 방법을 남발하면 안 되겠죠. 평소에는 내 블로그 주제에 맞는 키워드에 초점을 맞추다가 가끔 활용하는 게 좋아요.

IV

블로그 포스팅
시작하기

1 깔끔한 블로그 환경 만들기

① 블로그 왕초보라면 내 블로그 꾸미기도 쉽지 않을 테지요?

직접 검색해가며 공부하는 걸 추천 드리지만 의외로 기본적인 블로그 꾸미기부터 부담을 갖는 분들이 많더라고요. 그럴 경우에는 추후에 1:1 코칭을 받는 걸 추천 드려요. 블로그 꾸미는 방법에 관한 책이나 강의는 이미 많이 나와 있음에도 불구하고 어려움을 느끼십니다. 책으로 블로그 꾸미기를 설명해도 큰 도움이 안되는 이유는 바로 비주얼 감각의 장착 여부와 직관적으로 기계(PC, 스마트폰 등)를 잘 다루는지 여부에 따라 결정되는 사안이기 때문입니다. 기본적인 꾸미기 설정에 관한 팁은 책의 뒷부분 「체류시간 늘리기」 편에서 보충설명 드릴게요.

② 블로그 카테고리는 간단하게 시작해볼까요?

카테고리는 큰 카테고리 아래, 하위 카테고리를 만들 수 있는데요, 큰 카테고리는 최대 3개를 추천합니다. 그 이유는 블로그에서 '프롤로그 화면(누군가 내 블로그를 검색했을 때 보이는 첫 대표 화면)'을 설정할 경우에 최대 3개까지 정렬 가능하기 때문이에요. 하위 카테고리 역시 최대한 비슷한 주제끼리 묶어 합병하세요. 블로그는 검색어 기반의 플랫폼이기 때문에 누군가가 내 블로그의 카테고리를 하나하나 클릭해가며 둘러보는 경우는 거의 없기 때문입니다. 혹여나 그럴 경우를 대비해서라도 하나의 카테고리에 적당한 포스팅이 들어가 있어야겠지요. 대부분 블로그를 시작할 때 카테고리를 많이 만들곤 하는데요. 지금 한 번 둘러보세요. 합칠 수 있는 분류가 분명히 있을 거예요.

　(ex : 맛집 리뷰, 뷰티 리뷰, 문구 리뷰

　　　→ '리뷰' 하나로 통합)

③ 내 블로그가 PC에서도 보기 좋고, 스마트폰에서도 보기 좋은 블로그인지 둘 다 확인해야 합니다.

요즘 스마트폰 글쓰기가 유행한다고 해서 PC버전은 확인 안 하시는 분들 많은데요. 생각보다 많은 블로거들이 특히, 상위 유지하는 파워 블로거일수록 PC에서 포스팅을 많이 합니다. 왜 그럴까요? PC에서 사진 정리나 사진 보정 및 포스팅 구성을 제대로 하기가 쉽기 때문이지요.

그러니까, 누군가에게 내 블로그를 소개할 때 보이는 민낯은 PC버전이라고 생각하면 좋아요. 포스팅을 PC에서 하든 스마트폰에서 하든 상관은 없지만, 완료한 포스팅은 꼭 두 개의 기기에서 다시 확인해보는 것이 좋습니다.

PC와 모바일 둘 다 가독성을 만족시키는지 확인해봐야 하기 때문입니다.

MEMO

블로그 카테고리, 구체적으로 써보기

전체보기

세부 카테고리가 많아서 길어지면, 카테고리 접기 기능을 활용해 보세요.

가벼운 주제로 1일 1포스팅 시작하기

① 절대로 하루 이틀 만에 방문자 수가 늘지 않습니다.

블로그를 시작한 뒤 처음 일주일~한 달간은 워밍업이라고 생각하세요. 블로그가 적성인 (평소 사진 찍는 걸 좋아하고, 본문에서 사진과 적절한 길이의 글을 보기 좋게 정렬할 줄 알며, 이웃간 소통을 즐기는) 분들은 워밍업 기간에도 바로 몇백 명 단위의 방문자 수 오름 그래프를 그릴 수 있어요. 그럼에도 천천히 가는 것을 추천드리는 이유는, 단기간 안에 방문자 수 잡으려고 하다가는 금세 지칠 수도 있기 때문이에요. 실제로 '블로그 시작했어요. 열심히 할게요. 이웃해요!'라고 인사하며 이웃 추가하자마자 일주일, 한 달도 안 돼서 블로그를 방치하는 경우를 많이 봤어요. 단기간에 잘하고 싶은 마음으로 에너지와 정성을 쏟았지만, 기대치에 미치지 못하면 결국 힘들어서 아예 손을 놓아버리게 될지 몰라요.

② 일주일에 서너 번 단위로 키워드를 잡고 노려보세요.

매일 하는 포스팅에 키워드를 넣으려고 집착하지 마세요. 키워드가 무슨 말이냐고요? '키워드는 사람들이 검색할 만한 단어'입니다. 제목을 '나의 주말'이라고 하면 검색어 유입이 있을까요? '경기도 주말에 가볼 만한 곳'이라고 하면 유입이 생길 수 있겠죠. 나의 감, 나의 생활 패턴, 나의 가족이나 친구로부터 얻은 통계나 정보를 통해서만 키워드를 잡으면 안 됩니다. 많은 사람이 검색할 만한 키워드를 포스팅에 녹여내는 것이 포인트입니다.

가끔은 일상 글도 쓰고, 키워드 신경 안 쓰는 포스팅을 해도 괜찮아요. 일상 속 나의 생각이나 루틴을 소개하는 건 브랜딩의 첫걸음입니다. 이 블로그를 운영하는 사람이 어떤 사람인지 표현해주는 수단인 '나'를 나타내는 이야기를 조금씩 풀어내는 것도 중요한 포인트입니다.

인기 있는 상위 블로그를 찾아보세요. 해당 블로그 주인이 어떤 사람인지 아예 모르는 그런 블로그는 없다는 걸 깨닫게 될 거예요. 만약 그런 블로그가 있다면, 완전히 상업화된 블로그인 경우겠죠. 그런 상업화 블로그에는 키워드로 인해 방문자 수는 안정적으로 높을지 몰라도 진정한 팬층이 구축되기는 어렵습니다. 그 블로그에 정보를 보려고 방문할지는 몰라도, 그 블로그 주인과의 연대감은 쌓이지 않는 거겠죠. 즉, 블로그 방문자 수가 꼭 그 블로거의 인기나 인지도를 반증하는 건 아니라는 뜻이에요.

이 책을 읽는 분들은 수익도 중요하지만, 나를 표현하는 브랜드 수단을 우선시하는 분들이 많을 것 같아요. 내 블로그의 주인인 '나'의 소식과 내가 전하는 정보를 '둘 다' 궁금하게 만드는 블로그를 만들어 나가기 위해, 꾸준히 블로그 할 준비가 되셨나요? 1일 1포스팅이면 더욱 좋고 말고요.

3 글감 찾고 풀어내기

① 블로그는 하고 싶은데, 뭘 써야 할지 모르겠다고요?

그렇지 않아요. 우리 주변에는 온통 블로그 할 거리가 가득하거든요. 일일이 나열해보다가 끝이 없어서 지워버린 수많은 글감을 여러분이 직접 찾아 나설 차례입니다. 앞으로는 블로거의 눈을 가지고, 블로거의 마음 자세를 가져볼 거예요. '뼛속부터 블로거'라는 말이 있습니다. 무얼 사든, 입든, 먹든, 보든, 읽든, '아, 이거 블로그 할까? 블로그 해야지!' 하는 생각이 드는 사람을 뜻하는 말입니다. 이는 마치 작가가 생활 속에서 글감을 발견하는 행위와 비슷하다고 볼 수 있어요. 돌틈에 핀 민들레 한 송이, 엘리베이터에서 만난 아이의 웃음소리, 산책길에 마주친 고양이 등 지금 내 주변에 있는 모든 것이 블로그 포스팅으로 탄생할 수 있다는 것 잊지 마세요. 아, 물론 내 블로그의 정체성에 맞는 포스팅 위주로 해야 하는 것도 잊지 않았죠?

② 글감을 찾았다면 포스팅 할 때 추가로 필요한 정보가 무엇이 있을지 생각해보세요.

글감을 뒷받침할 재료라고 생각하면 쉬워요. 이때, 너무 전문적인 포스팅을 하려고 하면 힘들어집니다. 그렇다고 꼭 필요한 정보가 없는 겉핥기식 포스팅이어도 안되겠지요. 포스팅에 꼭 들어가야 할 내용을 한정적으로 정하고, '나'의 이야기를 적절히 섞을 거예요. 이 글을 쓴 블로거가 누군지 궁금하게 만들 거예요. 내 블로그 포스팅에 들어가는 모든 글감에는 내가 들어가기로 합니다.

Erin쌤 블로그 글감 수집 (예시)

- 여행 ☐ 조지아 트빌리시
  ☐ 제주도 독립서점

- 일상 ☐ 주간일기 일상기록
  ☐ 독서모임 후기

- 정보성 / 리뷰 ☐ 인테리어 조명
  ☐ 인스타그램 비활성화 하는법

내 블로그 글감 수집

일 방문자 수, 왜 늘려야 하나요?

블로그를 하면서 꼭 방문자 수를 신경 써야 하는 건 아닙니다. 그런데 이 책을 펼쳐 본 분이라면, 블로그 방문자 수에 관심이 있다는 뜻이겠죠? 그저 궁금해서 한 번쯤 펼쳐본 분도 있겠지 만요. 블로그를 만든 최초에는 당연히 방문자 수가 거의 없습니다. 하지만 정성을 들인 포스팅이 점점 쌓여가고 있는데도 불구하고 방문자 수가 늘지 않는다면 허무한 마음이 들고, 블로그하는 '재미'도 없어집니다. '재미'가 없다면 블로그를 꾸준히 할 원동력을 잃는 거나 마찬가지인 셈이에요.

간혹 방문자 수, 즉 숫자에 집착하면 더 스트레스받고 신경 쓰여서 그만두게 된다고 하는 분들도 있는데요. 대신 그런 분들은 이웃과의 소통을 선택하십니다. 방문자 수는 없어도 일정하게 꾸준히 소통하는 이웃의 숫자를 어느 정도 확보해두는 거죠. 그래서 방문자 수는 100명 전후로 나오더라도, 소통 이웃을 늘려서 주고받는 댓글 숫자는 많은 경우인데요…. 결국 이 또한 소통의 '재미'라도 있어야 한다는 뜻으로 귀결돼요.

소통의 재미만 가지는 것도 좋아요. 아무것도 하지 않아도, 흘러가는 시간을 붙잡을 수는 없어도, 소중한 기록은 영원히 남으니까요. 기록과 인연은 큰 선물로 남을 테니까요. 하지만 방문자 수를 늘리고, 블로그를 통한 수익까지 원하는 분이라면 소통보다 포스팅 퀄리티에 우선순위를 두면 좋아요. 소통은 방문자 수를 늘린 후에 해도 늦지 않거든요. 소통하는 데에 소요되는 시간도 꽤 큽니다. 댓글 소통으로만 한두 시간 이상씩 할애하게 된다면, 점점 힘들어질 수도 있어요. 그런데 방문자 수도 어느 정도 유지되고, 적당한 수익도 발생하는 상태에서 소통과 인연을 이어가면 더 재미있을 거예요. 하루에 50명의 방문자 수가 이어지다가 곧 100명, 200명씩 방문자 수가 늘어난다면 블로그가 성장한다는 느낌이 들 거예요.

블로그 포스팅 하나를 작성하는 데 최소 한두 시간을 할애하기도 합니다. 그렇게 공들인 나의 포스팅을 당연히 한 명이라도 더 봐주기를 바라지 않을까요? 조회수도 없고 반응도 없다면 힘이 쭉 빠지지 않을까요?

방문자 수가 늘어나면 애드포스트 수익도 늘어나고, 점점 더 좋은 제품의 체험단이나 더 높은 원고료의 광고를 받게 됩니다.

어차피 좋아서 하는 블로그, 이왕이면 더 많은 수익을 내면서 하면 좋지 않을까요? '나는 지금 초보 블로거인데 어떻게 1,000명, 3,000명, 5,000명, 10,000명 블로그를 만들지?'라고 벌써부터 본인의 한계를 가늠하고 한정 짓지 마세요. 갈 길이 멀다고 출발조차 하지 않으실건가요? 일단 한번 시작해 보고 실천해보고 노력해보고 그때 가서 스스로를 평가해도 늦지 않습니다.

세분화된 목표를 세워서 차근차근 방문자 수를 늘려가 보기로 해요. '재미'가 있는 지속가능한 블로그 생활을 위해서요!

내 일상 속에서 도저히 글감을 못 찾겠을 때!

'저는 집순이라서 카페나 맛집도 잘 안 가요. 영화도 잘 안 보고, 주식이나 경제에도 문외한이고, 그래도 블로그는 해보고 싶은데, 글감 찾기가 정말 힘들어요.'라고 말씀하는 분들이 간혹 있습니다. 블로그를 하려면 세계여행도 가야 할 것 같고, 어느 한 분야에서 뛰어난 전문가여야 할 것 같고, 글도 굉장히 잘 써야 할 것만 같아 지레 겁을 먹기도 하지요. 그런 분들을 위한 팁을 드려볼까 합니다.

블로그는 직접 경험하고 느낀 것 위주로 해야 하는 게 정석입니다. 그건 네이버 공식 입장이기도 하고요. 그런데 어떠한 사정으로 인해 나는 현재 많은 것을 다양하게 경험할 수 있는 상황이 아니라면? 꼭 출처를 밝힌다는 조건하에, 외국 사이트의 신문 기사나 사진들을 모아서 재구성한 포스팅을 할 수도 있습니다. 만약 영어를 잘 못해서 이마저도 어렵다면 한국의 신문 기사나 칼럼을 재구성하여 소개하는 포스팅을 할 수도 있어요.

- **이때, 꼭 기억해야 할 중요한 사실 세 가지는?**
1) 내용을 똑같이 가져오면 안 되고, 제목이나 내용에 나만의 의견을 추가하여 재구성해야 한다.
2) 다른 네이버 블로그에서는 사진 자료를 가져오면 절대 안 된다(Pinterest 같은 외국 사이트나 Unsplash 같은 무료 사진 사이트를 활용하세요).
3) 원문이나 사진의 출처를 꼭 밝혀야 한다.

 이러한 방법은 무궁무진하게 다양한 주제로 뻗어나갈 수도 있습니다. OO 뜻, OO 유래 같은 사전적인 지식을 창출해낼 수도 있고, 경제, 운동, 건강등 전문적인 정보를 연재하는 포스팅을 할 수도 있고요. 영화 명대사를 검색하거나, 영화배우에 대한 기본정보를 소개하거나, 내가 여행을 가보지 않은 나라라도 해당 여행지에 대한 정보를 찾아서 포스팅할 수도 있을 테니까요. 내가 직접 경험하지 않아도 할 수 있다는 장점과 동시에 인기 많은 키워드 포스팅을 하기에도 좋다는 장점을 다 갖추고 있죠? 하지만, 내 블로그에서 내 브랜딩을 할 목적도 있다면, 당연히 주인인 내가 경험한 포스팅을 하면서 중간중간 잘 엮어가야 한다는 걸 잊지 마세요.

다음 QR코드를 통해서 제가 했던 블로그 포스팅 예시를 보여드릴게요. 참고하여 여러분들도 활용해보세요!

Part II

블로그 포스팅의
6가지 비밀

I

상위노출을 위한
키워드 잡기 #1

(블로그 최종 목표는 상위노출!)

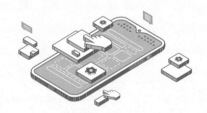

블로그는 검색 기반 시스템이라는 것만 제대로 이해하면 게임 끝입니다.

여러분이 PC나 스마트폰으로 활용하는 검색 습관을 잘 떠올려보세요. 네이버나 다음, 구글 창을 열어서 필요한 단어나 구절을 검색하곤 하죠? 적어도 하루에 서너 번 이상 검색할 일이 있을 텐데요, 그게 바로 키워드입니다. 사람들이 검색할 것 같은 제목을 만들어야 해요. 미라클모닝, 필사, 긍정확언, 명상 기록 등을 포함한 내가 쓰고 싶은 글, 쓰기 쉬운일기만 쓰는 포스팅으로는 100일, 200일 매일 포스팅을 해도 절대 방문자 수는 늘지 않습니다.

그렇다면, 제목에 어떤 키워드를 쓰면 좋을까요?

1 내가 잘 할 수 있는 키워드를 주력으로 하자

먼저 내가 자주 검색하는 부류의 키워드를 떠올려보세요.

인스타그램을 하다가 궁금한 게 생겨서 검색한 적 있나요?
영화를 보다가 등장인물에 대한 정보를 검색한 적은요?
책을 읽고 난 뒤에 다른 사람의 의견이 궁금했나요?
드라마에 나온 주인공이 착용한 액세서리를 검색했거나,

사고 싶은 드라이기의 성능이 궁금했거나, 코로나 동향이 궁금했나요?

가볼만한 전시회나 서울 근교 드라이브 코스, 간단한 자취 요리 메뉴나 부모님께 드릴 선물은 뭐가 좋을지 고민해 본 적은요?

이뿐이 아니죠. 공부하다가 궁금한 역사, 지리, 세계의 문화, 영어를 비롯한 외국어부터 신조어까지, 우리가 인터넷에서 검색하는 키워드는 방대합니다. 최신 이슈가 되고 있는 상황이나 시즌별 검색할 만한 것들을 노려봐도 좋을 거예요.

제목에는 내가 정한 포스팅에 해당하는 키워드를 마구잡이로 늘어놓지 말고, 딱 한두 개만 사용해 보세요. 내가 검색해서 얻은 정보를 떠올려볼게요. 검색했던 그 수많은 키워드 중에서 내가 할 수 있는 것부터 시작하는 거예요.

키워드 살린 제목 만들기 연습

1. 글로 만든 집밥 요리 →
2. [서평] 아몬드를 읽고 →
3. [2023 Bali] 발리 여행 2일차 →
4. #0214 하루 기록 →
5. 조카 선물로 킥보드 샀어요 →

> 1. 오븐 없이 밥솥으로 만든 카스테라
> 2. 자존감 높여주는 아몬드 도서 추천
> 3. 발리여행 #2 야나나시장 / 우붓시장 마트 추천 ○○
> 4. ○○기념일선물 / 아이 생일선물
> 5. 어린이날 선물로 좋아하는 ○○ 킥보드

– 이렇게 제목을 '예시(샘플)'로 들어 적으니 독자가 쉽게 이해할 수 있음

✓ 제목을 만들땐, 키워드에 도움이 되는 사이트 소개 부분을 참고하여 고심하여 제목을 만드세요.
  제목에 넣은 키워드와 키워드에 대한 설명를 충분히 넣으세요.

인기 키워드를 알려주는 도구가 있다?

① 네이버에서 누구나 이용할 수 있는 검색도구를 제공합니다.

네이버 광고(searchad.naver.com)를 방문해볼까요? 원래 가지고 있던 네이버 아이디로 로그인을 합니다. 이때 내가 사업자 광고주라면 사업자 등록번호를 입력해서 일정 금액을 내고 광고를 이용할 수도 있지만, 우리는 무료로 이용 가능한 키워드 도구를 활용해보기로 해요.

조금 더 정확한 통계를 알고 싶다면 키워드 옆에 있는 '시즌 월'과 '업종' 등에 체크하여 월별, 업종별 결과를 참고할 수도 있습니다. 그런데 5월에 어린이날이 있다고 해서 '어린이날'이라는 키워드를 5월 5일에 하면 좋을까요? 아니죠. 시즌별 주요 키워드는 대략 한 달 전부터 해야 내 블로그 방문자 수를 서서히 늘리는 좋은 방법이 됩니다. 크리스마스 키워드는 12월에 하기보다는 11월 말부터 서서히 준비해야 해요. 패션업계에서 시즌을 하나 앞서 신제품을 출시하는 것과 마찬가지 이치라고 볼 수 있어요.

왼쪽자료는 로그인해서 보이는 첫 화면입니다. 오른쪽 중간에 있는 '키워드 도구'를 클릭해보세요. 자, 이제 내가 생각해 본 키워드가 얼마나 효력이 있을지 확인해 볼 차례입니다. 저는 예시로 '대구여행'을 검색해보았습니다. 화면에서 보다시피 결과 값을 통해 다양한 통계를 알 수 있네요. '대구 맛집'이나 '대구 글램핑' 등이 인기가 있는 키워드지만 동시에 경쟁률이 높은 편이에요. 내가 아직 초보 블로그라면 '대구 칠곡 맛집'이나 '대구 패러글라이딩' 같은 중간 경쟁을 보이는 키워드로 포스팅을 하기 시작하면 좋겠죠?

② 네이버 데이터랩(datalab.naver.com)에서는 검색트렌드를 알
수 있습니다.

포털사이트 네이버의 첫 화면에서 볼 수 있는 실시간 검
색어는 없어졌지만, 데이터랩이 비슷한 역할을 해줍니다. 이
는 특정 키워드의 검색률을 알려주는 지표인데요, 분야별 인
기 검색어를 일간, 주간, 월간으로 나누어 보여주며 성별이
나 연령별 통계까지도 확인할 수 있습니다. 즉, 검색 트렌드
를 확인할 수 있죠.

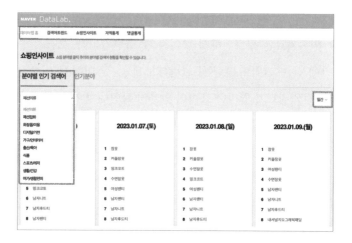

예를 들어 '패션잡화' 분야 여름 인기 키워드는 나이키 운동화와 크룩스라는 걸 알 수 있습니다. 같은 분야 겨울 시즌 키워드는 나이키 운동화와 어그 슬리퍼가 인기라는 걸 알 수도 있고요. 데이터랩의 단점은 이미 지난날들의 통계밖에 확인할 수 없다는 점이지만, 아무리 지난 키워드 통계라도 월별로 크게 달라지지 않는다는 걸 확인할 수 있습니다. 한 번 검색한 시즌별, 월별 통계를 기억해두었다가 다음 해에 비슷한 키워드를 공략한 포스팅을 해볼 수도 있고요.

이러한 방법들은 내 블로그 주제와 맞는 검색어 통계를 찾아볼 수 있다는 장점을 가지고 있어요. 하지만 이걸 무작정 활용하기에도 무리수는 있습니다. 인기 키워드라는 건 말 그대로 수많은 블로거들이 포스팅에 활용하고 있다는 뜻이기 때문에 내 포스팅이 상위에 잡힐 확률이 적다는 뜻이기도 하거든요.

내가 초보 블로거라면 나만의 '주력' 포스팅을 꾸준히 하면서 네이버 블로그 환경을 체감하는 게 선행되어야 하고요. 이젠 키워드를 잡을 준비가 되었다고 생각하면 여러 가지 검색도구를 활용하는 게 도움이 될 거예요. 누구나 다 할 수 있는 포스팅, 쉽고 편하게 할 수 있는 포스팅은 다른 사람도 하기 쉽다는 뜻이니 조금이라도 시간과 노력을 투자해야 한다는 것도 기억하시고요.

참, 이러한 검색도구에서 얻은 키워드를 무작정 사용하기 전에 꼭 한 번 네이버에 직접 검색해 볼 필요가 있어요. 띄어쓰기나 맞춤법 등에 따라서도 키워드 노출 순위가 바뀔 때가 있기 때문에 신중해야 합니다. 저 역시 포스팅을 할 때마다 원하는 제목을 선정하기 위해 네이버 검색창에 이것저것 여러 번 검색해봅니다. 적절한 제목(키워드)을 정하면 이미 포스팅의 반은 시작한 거예요.

③ 네이버에서 제공하는 검색도구 이외에도 키워드 순위를 알려주는 사이트가 몇 개 더 있어요.

여기서 소개할 사이트는 무료버전과 유료버전이 둘 다 있습니다. 블로그 운영 초반에는 기본적으로 제공하는 무료 서비스로도 충분히 활용 가능합니다. 상세 키워드 추천 서비스 등 더 많은 고급 서비스는 유료로 전환하여 제공하는데, 이는 블로그를 거의 생활화하여 수익이 많이 발생할 준비가 되었을 때 이용해보시면 될 거예요. 다음 사이트들은 정확한 키워드를 표현하는 데 분명히 도움이 되지만, 키워드를 찾아내는 것보다 더 중요한 건 블로그를 할 의지, 포스팅을 할 실천력입니다.

· **키워드마스터** https://www.whereispost.com/keyword/

키워드 마스터에서 내가 포스팅하려고 하는 키워드나 이미 포스팅했던 키워드를 검색하면 검색한 키워드와 연관성 있는 키워드도 함께 볼 수 있습니다. 또한 검색한 시점에서

포스팅 발행량, 검색량 등을 볼 수 있을 뿐더러 해당 키워드 뷰(view)탭 순위에 따른 블로그도 볼 수 있습니다. 이때 키워드는 띄어쓰기 하나에도 달라지는 순위를 볼 수 있어요.

· 블랙키위 https://blackkiwi.net

블랙키위에서는 내가 포스팅하고자 하는 내용 관련 키워드를 미리 검색하면 해당 월에 예상되는 검색량 및 콘텐츠 포화지수, 광고 효율 등을 보여줍니다. 또한 블랙키위만의 '키워드 등급'이라는 것을 별도로 표기하고 있는데, S+부터 D-까지 15단계로 나타냅니다. 우리가 흔히 검색하는 키워드는 대부분 C~D 정도 등급인데, 간혹 B나 A등급의 키워드를 찾아냈다면 그건 경쟁률이 적다는 걸 뜻해요. S+에 가까워질수록 상위노출에 유리하다는 뜻이고요. 사용자들의 피드백을 받아들여 꾸준히 발전시키고 있다고는 하지만, 포스팅할 때 키워드 등급이 높은 포스팅을 했다고 해서 내 블로그가 무조건 상위를 잡는다는 뜻은 아니기 때문에 (포스팅 방식에 달려 있겠죠.) 100% 상위노출이 보장되는 건 아닙니다. 그럼에도 내가 생각한 키워드를 내 방식으로 포스팅 제목으로 정하기보다는 이러한 사이트의 도움을 받으면 분명히 방문자 수 유입을 늘리는 데 도움이 됩니다.

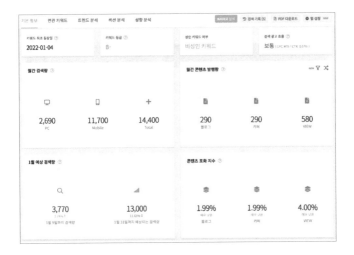

· 키자드 https://keyzard.org

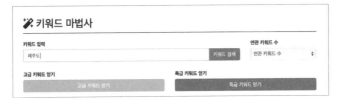

키자드의 키워드마법사에서 원하는 키워드를 입력하여 검색하면 역시나 연관키워드와 함께 검색량 및 해당 키워드를 포스팅한 개수가 나옵니다. 키워드마스터와 다른 점은 연관키워드의 검색량까지 함께 볼 수 있어 비교가 가능하다는 점이에요.

· 황금키워드 https://gold-keyword.info/

황금키워드라는 건 다름 아닌, 검색량은 많은데 발행량은 적은 키워드를 뜻합니다. 이 황금키워드 사이트는 회원가입 후 첫 3일은 무료로 이용 가능하지만, 이후 유료로 전환할 경우 1일 최대 300회까지 검색이 가능합니다. 위에 소개한 사이트와 다른 점이 있다면, 내가 어떤 키워드를 먼저 검색하여 그와 관련된 키워드를 보여주는 방식이 아니라 처음부터 알아서 황금키워드를 추출해준다는 점입니다. 꽤 간편해 보이나요? 하지만 이러한 키워드들은 대부분 내 블로그 주제와 잘 맞지 않는 경우가 많습니다. 즉, 갑자기 내가 다루기 어려운 글감이 많을 수 있다는 뜻이에요.

내 블로그에서 브랜딩은 제외하고, 수익화만 목표로 일 방문자 수를 키울 거라면 당연히 황금키워드를 활용하여 포스팅하기에 좋을 거예요. 그런데 브랜딩 욕심도 있다면, 이러한 황금키워드는 가끔씩 효자 포스팅 용도로만 활용해서도 충분합니다. 저 같은 경우에는 브랜딩과 수익 둘 다 목표로 하여 키워가고 있기 때문에, 앞서 소개한 타 사이트만으로도 충분히 키워드 활용이 가능하지만, 무조건 황금키워드를 찾아내서 포스팅 실천을 할 의향이 있는 분이라면 유료버전으로 이용하여 도움을 받을 수 있겠네요.

④ 유료로 제공하는 웹사이트와 블로그 강의가 꽤 많아요.

포털 사이트에서 '블로그 강의'나 '유료 키워드' 등으로 검색해보면 바로 찾아볼 수 있기 때문에, 직접적인 예시 언급을 하지는 않겠습니다. 저 역시 2021년에 블로그 책을 출간한 이후로, 온라인 과정 블로그 강의를 진행하고 있습니다. 하지만 처음부터 돈을 지불해가며 강의부터 들을 필요가 있을지는 여러분의 선택에 맡깁니다. 스스로 먼저 노력해보는 시간이 필요하지 않을까요? 블로그는 시작도 안 했는데, 강의부터 듣는 것보다는 블로그에 대한 생리를 스스로 깨우친 다음에 도움이 필요하다는 생각이 들면 그때부터 시작해도 늦지 않습니다.

또한 유료 사이트의 도움을 받고 싶다면 블로그 수익에

좀 더 초점을 맞추는 경우일 거예요. 역시 본인의 상황에 맞게 선택하시는 게 좋겠죠. 가장 중요한 건 정성스러운 블로그 포스팅을 자주 할 수 있는 의지와 실천이지, 애드포스트에 도움이 되는 키워드를 찾기 위한 도구의 문제는 나중이라는 걸 명심하세요.

 제목 쓸 때 이 점을 유의하자

초보 블로거가 가장 많이 하는 실수가 바로 제목입니다. 키워드 개념을 몰랐기 때문에 아무도 검색할 것 같지 않은 단어나 문장을 쓰곤 해요. 혹은 자신이 보기에 편리한 방법으로 제목을 '분류'하곤 하지요. 특히 정리와 계획을 좋아하는 MBTI J형이 분류하기를 좋아합니다. 저도 블로그 초보시절에는 제목의 첫 부분은 늘 분류의 표기를 했고 말고요.

① 추천하지 않는 예시1 : 괄호로 나만의 분류법 생성하는 경우

- [여행 1일차] 미국 여행 첫째 날, ~~~
- [여행 2일차] 미국 여행 둘째 날, ~~~
- [Bali 여행 2022] Erin쌤의 발리여행 첫째 날

- [서평 100번째] <작은 아씨들>
- [미라클모닝] 긍정확언 99일째
- [Erin쌤 영화] 눈물 날만큼 감동적인 'OOO'
- [육아 일기] 우리 아이 벌써 이렇게 컸네
- [깨알 정보] 키보드 청소 이렇게

위 예시와 같은 괄호 분류는 작성자 기준에 맞게 편리하자고 하는 것이지, 검색어(키워드)를 잡는 데는 별로 도움이 되지 않습니다.

키워드 활용 첫 번째 주의점은 '제목 맨 처음에 특수문자 쓸 필요가 없다.'입니다. 초보 블로거 중에 정리하기를 좋아하는 성향을 가진 분들은 포스팅 제목에 [대괄호], '작은따옴표', <홑화살괄호> 등을 붙여 포스팅을 분류하곤 해요. 절대적으로 불필요한 일입니다. 어차피 그 분류는 내 블로그 게시판(카테고리)에서 분류되어 있기 때문입니다. 꼭 표현하고 싶은 분류라면 포스팅 본문 시작 부분에서 언급해도 충분하답니다. 그런데 한 번 정해둔 스타일과 습관을 갑자기 바꾸는 걸 어려워하는 분들이 많으세요. 저도 초보시절에 가졌던 이 습관을 바꾸기까지 시간이 걸렸습니다. 특수문자를 쓰면 무조건 안 된다는 건 아니에요. 하지만 제목은 내 블로그로 유입을 이끄는 중요한 키워드가 자리 잡아야 할 자리입니다.

지금 당장 상위 블로그들을 찾아봐도 공통점을 찾아내실 거예요. 굳이 제목에서 나만의 분류법을 써서 제목의 일부를 할애하는 경우는 거의 없답니다. 그만큼 블로그는 검색어 기반, 검색어 유입을 겨냥하는 플랫폼이라는 걸 기억하세요. (이미 인지도가 있는 분의 블로그는 키워드가 없어도 구독자와 찐팬의 방문이 많다는 건 앞에서 언급했던 거 기억하시죠?)

이 책을 읽은 여러분은 원하는 키워드만 깔끔하게 활용하여 제목을 만들어 보세요. 그렇게 쓴 제목이 혹시라도 부자연스럽게 보일지언정, 그건 아무런 문제가 되지 않습니다. 블로그는 글쓰기 대회가 아니니까요. 누군가 내 글을 평가하고 핀잔주는 공간이 아니잖아요. 꾸준히 제목 만드는 연습을 이어가세요. 제목은 키워드를 제일 잘 표현할 수 있는 소중한 한 줄입니다. 내 블로그는 나를 위한 것이기도 하지만, 내 블로그를 찾아오는 손님을 위한 공간이기도 하다는 걸 기억하세요.

- 마치 신문기사처럼 매력적으로 끌리는 제목을 쓰는 것도 좋지만, 검색이 잘 되지 않습니다. 이런 경우는 이미 구독자를 많이 보유한 공식 사업체 블로그나 유명인의 블로그에서 좋은 방법으로 적용됩니다.

- 특수문자를 사용해도 검색이 잘 되는 블로그가 있을 수 있습니다. 해당 제목이 인기 키워드가 아니라서 발행량이 적어 노출이 쉬웠거나, 이미 블로그 지수를 높여 성장한 블로그의 포스팅일 경우입니다.

② 추천하지 않는 예시2 : 제목에 키워드 나열하기

- [쇼핑 후기] 현대백화점 / 자라 원피스 겟 / 다운타우너 버거 / 스타벅스에서 커피 마시고 굿즈 득템
- [태국여행 마지막 날] 방콕 씨암스퀘어에서 푸팟퐁커리 먹고, 발마사지 받고, 툭툭타고 야경 보러 왓아룬 가기

이렇게 여러 개의 키워드로 제목을 쓰면, 주력 키워드가 무엇인지 알 수도 없을뿐더러, 해당 키워드에 대해 충실한 포스팅이 나올 수가 없겠죠. 상위 블로거들은 여행을 다녀와서도 날짜별로 포스팅을 하는 경우가 거의 없습니다. 만약 그런 경우가 있다면 그건 프롤로그 개념의 포스팅이거나 각 키워드 포스팅을 다 마친 후에, 총정리격 포스팅을 하는 경우입니다.

여행지에서 있었던 일 중에서 사람들이 검색할 만한 것들을 따로 뽑아 키워드를 정하고, 개별 포스팅을 하는 게 좋습

니다. 그러려면 당연히 충분한 양의 사진과 할 말이 있어야 하겠죠. 여행블로거가 되고 싶다면 당연한 일입니다. 위에서 제시한 나열식 제목은 유튜브에서 자주 보입니다. 블로그에서는 저런 나열식 포스팅 키워드가 상위를 잡을 수도 있지만, 결국 얼마 못가 상위에서 밀려나기 쉽습니다. 생각해보세요. 하나의 포스팅 안에, 현대백화점과 다운타우너 버거 맛집과 스타벅스 카페 후기를 다 남긴 포스팅에 정보가 많을까요? 아니면 위 주제를 각각 포스팅한 블로그에 정보가 많을까요?

제가 추천하는 방식은 키워드별로 각각 포스팅을 한 후에 총정리 포스팅을 한 번 더 해주는 것입니다. 각 키워드를 제목에서 두 번 이상 사용하여 포스팅했을 경우, 상위노출에 더 도움이 됩니다.

또 한 가지, 내가 여행블로거라서 여태까지 여행했던 나라가 많다면? 하루에 한 번씩 각기 다른 나라를 돌아가면서 포스팅하기도 합니다. 왜 그럴까요? 먼저 이유를 생각해보시겠어요? 그렇습니다. 제가 만약 오늘 포르투갈 포스팅을 했다면, 그 키워드로 한동안 유입이 있을 테니 내일은 스페인 키워드를 잡아봅니다. 다음날은 이탈리아를 하고요. 그 다음날은 베트남을 합니다. 이런 식으로 릴레이처럼 포스팅을 하다가 맨 처음 키워드인 포르투갈이 상위 검색어에서 밀릴 때쯤

(다른 사람들도 포르투갈 키워드를 잡기 때문에 시간이 흐르면 자연스럽게 뒤로 밀립니다) 다시 포르투갈을 하는 것이죠. 이는 국내여행에도 비슷하게 적용됩니다. 오늘 서울 가볼 만한 곳을 했다면, 내일은 인천, 다음날은 경기도 등 번갈아가며 포스팅을 하면 될 테니까요.

물론 모든 규칙에 예외는 있다고 말씀드렸죠? 이미 인기가 많은 유명 블로거들은 제목을 아무렇게나 써도 큰 상관이 없습니다. 그 유명 블로거를 '구독'하는 구독자들이 묻지도, 따지지도 않고, 새 글이 뜨면 방문해서 볼 테니까요. 그렇게 구독자층이 어느 정도 형성된 블로그의 경우에는 한 여행지를 꾸준히 포스팅하는 '연재' 형식을 따르는 것도 좋은 방법이에요. 두 가지 상반된 방식을 어느 게 더 좋다라고 단정지을 수 없다는 거죠. 자신의 블로그에 맞는 스타일을 찾아가시면 됩니다. 또한 내가 인기 블로거든 아니든 가끔은 키워드 상관없는 일상 포스팅을 함으로써, 삶과 일상을 공유하고 구독자들의 공감을 이끌어내는 것도 중요하답니다.

Erin쌤 블로그 요일별 포스팅 계획 (예)

일	월	화	수	목	금	토
일상	세계여행	책	세계여행	정보성/리뷰	국내	자유
주간일기	포르투갈					카페/맛집

✏️ _____ 블로그 요일별 포스팅 구제

일	월	화	수	목	금	토

상위 블로그를 탐색하며 벤치마킹하는 방법

내 블로그에만 집중하면 성장하지 못합니다. 이웃 소통을 시작했다고 해서 내 방문자 수와 비슷한 수준의 블로그들하고만 소통을 한다면 역시 성장은 더뎌지고, 제자리걸음만 하게 됩니다. 내가 주력으로 하는 주제의 상위 블로그 몇 개를 롤모델로 설정해둔 뒤에 그 블로그의 글감과 키워드, 포스팅 형식을 비슷하게 따라 하며 포스팅 스타일을 확장시키는 건 매우 중요합니다. 나와 비슷한 초보 블로그랑만 쭉 소통을 이어 가면 시야가 좁아져요.

제 블로그 책을 읽고 제 블로그에 찾아와서 서로이웃을 맺은 블로거 중에서는 실제로 제 블로그 포스팅 스타일을 보고 참고하는 분들도 종종 있어요. 포스팅 스타일에는 저작권이라는 게 없기 때문에 내용을 베끼는 게 아니라면 얼마든지 벤치마킹 하셔도 된답니다. 그렇다고 어떤 한 사람만의 독특한 스타일을 처음부터 끝까지 베끼면 안 되지만요, '아, 키워드를 이런 식으로 조합하면 되겠구나. 지금은 겨울이니까 이런 키워드를 포스팅할 수도 있구나. 책 후기를 쓸 때는 이런 스타일도 좋네. 사진을 콜라주하니까 훨씬 보기 좋은걸? 강조하고 싶은 글자에는 색을 입히거나 크기를 늘리니까 가독성이 높아졌구나.' 하며 깨달음을 얻게 됩니다.

처음에는 초보 블로그들끼리 소통하며 서로에게 힘을 주는 것도 좋지만, 상위 블로그를 참고 자료로 삼아, 내 블로그의 성장 토대를 단단하게 만드는 것도 중요해요. 그렇게 감을 잡아가면서 1일 1포스팅을 하면 더욱 좋겠죠? 상위 인플루언서들도 대부분 1일 1포스팅을 하고 있거든요. 계속 강조하지만 무조건적인 1일 1포스팅보다는 '키워드 있는' 포스팅을 이어가는 게 더 중요합니다. 내 몸이 피곤해서 안 따라주는데도 무조건 1일 1포스팅을 꼭 해야 하는 건 아니에요.

주 1~2회라도 꾸준히 블로그 포스팅을 하면서 콘텐츠를 만들고, 성장해가며 느끼는 성취감도 매우 큽니다. 성취감을 통해 인정욕구를 충족시키고, 동시에 자존감도 높여보세요. 그뿐이 아니에요. 일상을 나누고, 일상 생각을 나누면서 속상했던 일, 행복했던 일, 속마음까지 나눌 수 있는 진짜 이웃들도 생깁니다. 블로그를 시작하면서 삶이 달라진다는 말은 사실입니다.

담고 싶거나 좋아하는
'인플루언서 / 블로거' 가 있나요?

√

√

√

아직 없다면 타m쌤 블로그부터 참고하세요!

블로그 활동을 하면서 '잘 하는' 블로그를 찾아보세요.
포스팅 스타일, 사진 찍고 구상하는 법 등을 살펴보세요.
그들과 소통하면서 좋은것은 번치마킹 하세요.
(똑같이 따라하고 모방하라는 건 절대 아니에요!)

√

√

√

II

진정성 있는
포스팅하기

(네이버에 적용된 다양한 알고리즘 파헤치기)

제목만 잘 만들었다고 끝은 아니겠지요. 제목과 어울리는 내용이 충분히 들어가야 합니다. 본문 내용 안에 제목으로 잡은 키워드가 적절히 들어가야 합니다.

간혹 마케팅 업체들이 체험단 포스팅을 맡기면서 무조건 똑같은 키워드를 10회 이상 반복하라는 등의 제시를 합니다. 그러나 똑같은 키워드를 무분별하게 반복하는 건 좋지 않습니다. 내가 목표로 잡은 키워드를 자연스럽게 녹여내되, 그 방식에 있어 띄어쓰기를 할 수도 있고, 다른 단어와 조합을 할 수도 있어야 해요. 예시로 내가 목표로 한 키워드가 '조지아 여행'일 경우, 본문 속에서는 조지아 여행, 조지아여행, 조지아 나라 여행, 조지아 트빌리시 여행, 코카서스 조지아로의 여행 등 여러 가지 조합을 쓰는 거죠. 이건 상위노출을 위한 팁 중 하나입니다.

이렇게 여러 가지 방식으로 키워드 조합을 하려면 선행되는 조건이 무엇일까요? 본문에 텍스트가 어느 정도 많아야 한다는 거죠. 진정성 있는 포스팅은 검색 이용자가 원하는 정보가 많이 들어가야 하는데, 그러려면 당연히 포스팅 내용이 많아지기 마련입니다. 조지아 여행을 검색했는데, 사진만 주르륵 많이 나온다? 블로거의 감상평만 많다? 하는 게 진정성 있는 포스팅일까요? 조지아 여행에서 가볼 만한 곳, 조지아

여행할 때 주의할 점이나 교통수단이나 화폐단위 등, 그때그때 필요한 정보가 잘 배치되어야 한다는 뜻이에요. 그렇게 누구나 검색해도 좋은 포스팅이 나오려면 자연스레 글의 양이 늘어나고, 자연스레 키워드를 반복하여 사용하게 될 거예요. 굳이 키워드를 몇 번 반복했는지 숫자로 세어보면서까지 포스팅을 하는 건 적절하지 않습니다.

하지만, 블로그를 처음 접하는 분 중에서는 이런 수학공식 같은 숫자를 좋아하는 분들이 계세요. 키워드는 몇 번 이상 반복, 사진은 몇 장 이상 사용, 동영상 길이는 몇 초 이상 되어야 하는지 무조건적인 정답을 원하는 분들이 많습니다. 처음 시작하는 답답한 마음은 이해하지만, 결코 정답은 없어요. 한 가지 분명한 사실은, 사진 개수가 적거나 동영상이 없는 것보다는 사진 개수도 많고, 동영상도 있고, 글의 내용도 많은 게 유리하다는 사실입니다. 그렇다고 스크롤의 압박을 느낄 정도로 포스팅이 너무 꽉 차서 답답한 느낌을 주는 것도 좋지 않겠죠? 과유불급을 잊지 마세요. 조금 어렵지만, 계속 공부하고 포스팅을 해나가면서 내가 스스로 블로그에 대한 감을 길러보기로 해요.

네이버 검색 기반은 자주 바뀌고 있어요. 꾸준히 더 나은 방향으로 발전하고 있습니다. 어떻게 하면 네이버 사이트에서 검색하는 이용자를 만족시킬 수 있을지 연구하여, 검색 결과 순위 알고리즘을 계속 진화시키는 거예요. 전반적으로 본다면 분명 좋은 일이긴 하지만, 정보를 제공하는 블로거 입장에서는 상위 랭킹을 잡을 수 있는 알고리즘이 자주 바뀌면 곤란하겠죠. 기껏 상위노출하는 감을 잡고 터득했더니 노출 정책이 바뀐다면 힘이 빠질 수밖에요.

그렇다고 갑자기 잘 나가던 블로거가 하루아침에 나락으로 떨어지거나 순위가 마구잡이로 바뀌는 건 아닙니다. 평소에 상위를 잘 잡던 블로거라면 진정성 있는 포스팅을 하고 있다는 뜻이고, 진정성 있는 포스팅을 이어가고 있었다면 로직이 바뀌더라도 방문자 수에 크게 영향을 미치지 않아요. 혹시나 로직이 바뀐 후에 방문자 수가 떨어졌다고 하더라도 진정성 있는 포스팅을 이어가던 블로그는 회복탄력성이 좋아 금세 제자리를 찾곤 합니다.

저처럼 오랫동안 블로그를 운영해온 블로거도 매번 바뀌는 블로그 정책에 맞게 포스팅 스타일을 미세하게 바꿔가며 포스팅을 할 줄 압니다. 포스팅을 한 뒤에 잘 노출되고 있는지 키워드를 검색해보며 결과값을 살펴보기 때문이죠. 블로그를 꾸준히 하다 보면 바뀌는 로직에도 금세 적응하는 방법을 터득하게 돼요. A라는 방식으로 제목을 잡고, 본문 속에서 키워드를 녹여냈는데 갑자기 상위 잡기가 힘들어졌다? 그럼 몇 가지 다른 방식으로 포스팅을 해봅니다. 실험을 해보는 거죠. 동시에 다른 상위 블로거들의 포스팅 방식을 유심히 살펴보기도 합니다. 그들이 잡은 제목이 본문 속에서 어떻게 반복되고 있는지 살펴보면 새로 적용된 B라는 방식을 금세 찾아요.

제가 여러 번 강조했듯이, 수학공식처럼 딱 떨어지는 방식은 없습니다. 제목에서 많이 검색될만한 키워드 배치, 풍부한 정보가 들어간 본문 속에서도 다양한 방식의 키워드 반복, 보기 좋은 사진 배치와 영상 첨부 등 꼭 필요한 정보들이 다 있다면 그게 바로 진정성 있는 포스팅이고, 그런 포스팅을 습관처럼 하는 블로거들에게는 새롭게 바뀌는 알고리즘에 크게 영향받을 일도 없습니다.

현재 네이버 블로그 로직은 여러 가지가 한꺼번에 적용되고 있는데요, 바로 C-rank와 D.I.A., SOLID 랭킹 알고리즘입니다. 여기에 더해서 2021년 10월에는 인공지능 A.I.로 무장한 새로운 검색시스템으로 불리는 에어서치(Air Search)를 도입했어요. 이어 2022년 9월부터는 네이버 사용자들의 복잡한 검색패턴을 충족시키기 위해 Aurora 프로젝트를 도입하였습니다. 이렇게 여러 가지 알고리즘이 새로 생겨나면서 선행되던 기술이 없어지는 건 아니에요. C-rank와 D.I.A. 기술이 가장 기본 바탕에 깔려있고, 검색환경을 개선하기 위해 끊임없이 진화하고 있는 것뿐이에요. 한때 사람들이 검색 결과는 구글이 더 좋다는 말을 하곤 했었어요. 그런 소문이 점점 사라지고 있죠. 네이버 검색패턴 진화이기 때문이에요.

이런 검색 시스템 때문에 겁먹을 필요도 없고, 어렵다고 포기할 필요도 없어요. 블로그 포스팅에 진정성과 전문성, 지속성이 잘 들어가 있느냐는 것을 가르는 지표일 뿐입니다. 해당 포스팅이 진정성을 띠고 있는지, 키워드에 대한 설명이 충분히 잘 나타나고 있는지, 사람들에게 얼마나 영향력을 미칠 수 있는지 등을 판단할 뿐이에요. 특히 블로그 초보라면 이런 검색 알고리즘을 연구할 필요는 없을 거예요. 상위 블로거들도 블로그 알고리즘을 일일이 연구하며 포스팅하지는 않아요. 물론, 꾸준히 연구하고 적용하고 실험해보는 분들도 계시긴 하지만요. 대부분은 알고리즘을 공부해도 그대로 실천 안 하는 분이 더 많아요. 아니, 포스팅조차 안 하면서 어려운 이론부터 알고 싶어 하는 분들이 많아요. 블로그는 자주 실천하는 게 우선인데, 상위개념부터 공부할 필요는 없겠죠. 그럼에도 이론을 알고 싶은 분들을 위해 C-rank와 D.I.A.를 간단한 표로 표현해보았습니다. 표를 자세히 보시며 알고리즘을 이해해보세요. 다른 알고리즘도 차근차근 이해해보도록 하겠습니다.

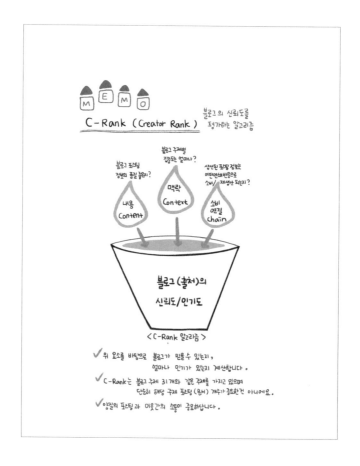

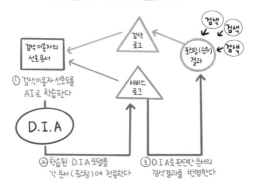

D.I.A. (Deep Intent Analysis)

이용자들이 선호하는 포스팅을 키워드별로 점수 매겨 랭킹에 반영하는 모델

검색 로그

검색이용자의 선호문서

검색 → 검색 → 검색

포스팅(순위) 결과

서비스 로그

① 검색이용자 선호도를 AI로 학습한다

D.I.A

② 학습된 D.I.A 모델을 각 문서(포스팅)에 적용한다

③ D.I.A로 판단한 문서의 검색결과를 반영한다

✓ 포스팅(문서)의 주제는 적합한가?

✓ 직접 경험한 정보인가?

✓ 정보는 높은(충실)한가?

✓ 문서의 의도는 올바른가?

✓ 직접작성한 독창적인 문서인가?

✓ 적시성 + 상대적인 어뷰징 척도

✓ 데이터는 매일 변화합니다.
   딥러닝을 통해 품질요소와 기준값이 업데이트 됩니다.
   점수로 환산되어 로직에 구가적으로 반영, 랭킹에 올립니다.

C-Rank 알고리즘은 주제별 출처의 신뢰도와 인기도를 반영합니다.

주제별 출처의 신뢰도라는 뜻은 내가 블로그 포스팅을 했는데 그 포스팅 재료, 즉 사진이나 내용의 출처가 어디인지, 직접 경험하고 찍은 사진인지, 어디서 그대로 베낀 것인지, 직접 경험했다고 하더라도 그걸 얼마나 자세히 이해가 잘 가도록 썼는지, 대충 썼는지? 등을 말하는 거고요. 인기도는 위의 내용을 반영하여 측정한 걸 말합니다. 즉 네이버 검색 결과에서 나온 것 중에 내 블로그를 선택했다는 클릭 비중, 클릭하여 포스팅을 읽으며 머문 시간, 해당 포스팅이 마음에 들어서 내 블로그의 다른 포스팅까지 클릭하며 블로그에 머문 시간, 그리하여 이웃 추가(구독)로 이어지는지, 등을 포함하는 거죠.

이러한 신뢰도와 인기도를 결정 짓는 세 가지 요소가 있어요. 바로 포스팅 내용(Content), 맥락(Context), 소비연결(Chain), 이 세 가지 재료예요.

'내용'이라는 건, 블로그 포스팅을 한 정보의 품질이 좋은지!

'맥락'이라는 건, 블로그 주제별 집중도는 얼마나 되는지!

'소비연결'이라는 건, 생산된 포스팅 정보가 어떤 연쇄반응으로 소비되고 재생산되는지! 를 뜻합니다. 이 요소들을 바탕으로, 블로그 정보가 믿을만한지, 얼마나 인기가 있는지 계산하고요. 여기에 더해서, 양질의 포스팅뿐 아니라 이웃간의 소통이 어느 정도 이루어지고 있는지도 확인합니다.

2 D.I.A. (Deep Intent Analysis)와 D.I.A. 플러스 모델

다이아모델은, 검색 이용자가 선호하는 문서를 점수 매겨서 랭킹에 반영한 모델이에요. 상위노출 랭킹을 정하는 기준 중에 하나라고 볼 수 있죠.

검색자가 선호하는 문서라고 설명했는데, 그때 그 문서란 바로 포스팅을 뜻해요. 포스팅의 주제 적합도, 경험에 대한 정보, 포스팅 정보의 충실성, 포스팅 문서의 의도, 독창성과 적시성 등 여러 가지 요인들이 복합적으로 반영됩니다. 이러한 요소들은 매일 매일 변화하는 데이터를 딥러닝으로 업데이트한 후에 랭킹로직에 반영시키고 있어요. 매일 쏟아져나오는 수많은 블로그 포스팅(문서)을 분석하여 주기적으로 자동 반영시키는 거죠.

다이아 모델이 적용되면서 바뀐 점은? 네이버에 검색을 하는 검색 이용자들에게 진짜 도움이 되는 포스팅이 많은 그런 블로그가 상위노출이 잘된다는 점이에요. 또한 검색 시점이나, 포스팅 날짜에 따라 랭킹이 달라지기도 하고요. 그러니까, 너무 오래된 포스팅보다는 최신 포스팅이, 아무리 최신 포스팅이라도 정보가 별로 없다면 사람들은 계속해서 마음에 드는 포스팅을 찾으려고 클릭을 이어갈 테니, 결국은 또 정보를 잘 갖춘 포스팅에 정착하게 되겠죠. 그런 점수들을 반영하여 상위노출을 결정한다는 뜻이에요.

그렇다면, 첫 번째로 소개한 C-Rank와의 관계는 어떻게 되는 걸까요? C-rank와 D.I.A.는 상호 보완적 역할을 해요. 네이버가 D.I.A. 모델로 블로그를 분석한 결과, C-rank가 높은 블로거들이 대체적으로 D.I.A. 점수도 높은 그런 양질의 포스팅을 발행한다는 결과를 다음 지표로 나타냈네요. 이 결과를 볼 때, 양질의 포스팅을 지속적으로 포스팅하면 알고리즘이 바뀌어도 크게 변할 것이 없다는 저의 지속적인 주장과도 일치하지요?

<질의별 C-Rank와 D.I.A. 점수 사이의 관계>

2018년부터 적용되던 D.I.A. 모델에 이어 2020년부터는 D.I.A. 플러스 모델도 함께 적용되고 있는데요, 기존 다이아 모델에서 더 정확한 정보를 포함하고 있는 진정성이 있는 포스팅을 찾아내기 위해 딥 매칭과 패턴 분석, 동적 랭킹을 새로 반영시킨 모델이에요.

어렵게 들리겠지만, 이건 한 마디로 검색자를 더욱 잘 만족시키겠다는 뜻이겠죠. 예를 들어, 핸드폰 수리비나 비행기 표 등을 검색했을 때, 그 결과 나오는 포스팅이 실제 경험을 바탕으로 쓰여졌나를 확인한다는 것입니다. 네이버 통계상, 실제 상세한 경험이 담긴 문서가 더 인기가 있었다는 결과가 있거든요. 결국 '제목만 보고, 포스팅을 클릭했더니, 원하는 정보는 없고, 낚시성 글인 것만 같다.' 하는 그런 문서를 뒤로 뺀다는 뜻입니다. 여기에 더해져서, 의미가 비슷한 단어끼리 매칭 확률을 높여 검색 품질을 높이기도 했어요.

예를 들어, 강아지 호텔이라고 검색해도, 댕댕이나 반려견 키워드 결과까지 보일 수 있도록 말이죠. 단, 단어만 여러 가지로 표현한다고 해서 될 건 아니겠죠. 그 문서(포스팅)의 질을 높여야 하는 거 잊지 마세요!

3 SOLID 프로젝트

2021년 2월부터 SOLID 알고리즘이 업데이트되었습니다. 시간이 지날수록 새로운 업데이트가 나오지만, 예전 알고리즘이 없어지는 게 아니라 다 합쳐져서 적용된다는 건 앞에서도 말씀드렸죠?

SOLID 프로젝트는 더 높은 품질의 적합한 문서를 노출하는 게 목적이에요. 끊임없이 강조하는 내용입니다. 하지만 이번 SOLID 프로젝트는 '블로그'보다는 '웹사이트' 검색 랭킹에 주력하고 있는 프로젝트입니다. 간혹 블로그도 웹사이트로 분류되어 검색 결과에 노출될 때가 있으니까 함께 알아두면 좋을 것 같아서 소개해봅니다. 이 책을 읽고 있는 분 중에서는 사업체 홈페이지를 운영하는 분들도 있을 테고요.

- 평소 검색 노출 순위를 결정하는 요소인 랭킹 시그널을 더 많이, 더 다양한 관점으로 고려하여 더 적합한 문서를 찾습니다.
- 유사한 의미를 포함한 문서도 찾아냅니다.
- 더 읽기 좋은 제목과 읽기 편한 문서를 제공합니다.
- 시기별로, 더 자주 수집해야 할 문서를 우선 수집합니다.
- 더 많은 질의(검색)를 빠르게 처리합니다.

이렇게 SOLID 프로젝트의 영향을 받은 후에는 다음과 같은 문서들이 더 잘 노출될 가능성이 있습니다.
- 공식적인 정확한 정보가 들어간 사이트
- 구조적으로 잘 정리된 문서
- 적절하고 올바른 링크가 걸린 문서
- 품질이 좋은 문서

4 에어서치(Air Search)와 스마트블록

A.I. 기술이 적용되어 키워드별로 스마트블록으로 나타내는 신기술입니다. 2021년 12월에 전체 검색 결과 중 10-15%에 에어서치가 적용되어 검색 노출에 반영된다고 하였고,

2022년에도 점점 그 범위를 확장해나가고 있습니다. 에어서치가 적용된 스마트블록은 타 플랫폼 대비, 차별화된 탐색 경험을 주는 것이 목적이라고 합니다.

에어서치의 에어는 다음 세 가지를 뜻합니다.
- 에어스(AiRS) – 콘텐츠
- 에이아이템즈(AiTEMS) – 쇼핑
- 에어스페이스(AiRSPACE) – 로컬

AI 추천 기술을 아우르는 네이버의 새로운 AI 검색 브랜드로써, 공기 같은 인공지능이 적용되었다는 의미로 Air라는 단어를 붙였다고 하네요.

에어서치는 '검색 이용자'의 취향에 맞춘 검색 결과를 보여줍니다. 그 검색 결과가 기존의 검색 결과처럼 블로그나 인플루언서 포스팅 위주인 '통합검색' 결과로 보여지는 게 아니라, '스마트블록' 형태로 제공됩니다. 예전에는 '캠핑'을 검색했을 때, 검색 결과에 캠핑이라는 키워드가 들어간 여러 검색 결과가 쭈욱 나왔지만, 에어서치가 적용된 키워드에 한해서는 검색한 사람의 성별, 연령, 평소 취향 등의 데이터를 기반으로 '캠핑관련' 어떤 정보가 필요할지, 블록 형태로 정보를 제공합니다.

예전에는 캠핑이라는 단어가 들어간 포스팅들이 포스팅 퀄리티에 따라 상위부터 쭉 나열되었다면, 지금은 캠핑관련 키워드인 캠핑 전기난로, 캠핑 베개, 캠핑 타프팬, 캠핑 가습기, 캠핑 준비물 리스트, 캠핑 체어 등 여러 가지 키워드를 블록 형태로 묶어 제공하기 때문에 상위노출과 무관하게 검색 이용자가 원하는 정보를 제공할 수 있는 거죠.

이는 평소 상위노출을 잘하는 블로거보다는 오히려 초보 블로거에게 좋을 수도 있습니다. 캠핑이라는 큰 키워드로 상위노출은 어렵지만, 스마트블록에 있는 키워드를 포스팅하면 해당 블록에 속할 기회가 높아질 테니까요. 스마트블록이 궁금하면 지금 스마트폰 모바일 앱에서 '캠핑'이나 '고양이'를 검색해보세요. 스크롤을 내리다 보면 중간 즈음에 관련 단어로 스마트블록 결과가 나타난다는 걸 볼 수 있을 거예요.

그렇다면 스마트블록 검색 결과에 내 블로그 포스팅이 노출되려면 어떻게 포스팅해야 좋을지 알아볼게요.

① 구체적이고 정확한 소재를 가지고 포스팅하기

스마트블록은 C-Rank 주제를 파악하고 발굴하여 생성되기 때문에, 여러 가지를 아우르는 두루뭉술한 콘텐츠보다는 정확한 목적을 가진 콘텐츠가 잘 노출될 가능성이 큽니다. 특히, 시의성이 높은, 트렌드에 맞는 콘텐츠라면 알고리즘이 더욱 선호한다고 하네요.

②각 콘텐츠의 성질에 맞는, 최적화된 구성 방식을 채택하기

콘텐츠의 주제별로 그에 더 잘 어울리는 포스팅 방식이 있습니다. 예컨대, 'OO 후기' 포스팅이라면 직접 경험이 들어간 진심 어린 후기의 서사와 설명이 있어야 하고, 제목에 'OO구매 가이드'를 쓴 포스팅이라면, 구매 예정인 해당 제품이나 제품군에 대해 한눈에 파악하기 쉽도록 정리한 가이드 형식의 문서를 작성해야 합니다. 요리 포스팅이라면 요리에 필요한 준비물이나 요리 순서가 자세히 나와야 할 것이고, 여행기를 쓴다면 여행 목적이나 여행지에 대한 정보가 잘 들어간 포스팅이 좋겠지요. 주제별로 모든 포스팅을 똑같이 일관성 있게 하지 말고, 주제에 맞게 더 보기 좋은, 한마디로 가독성 높은 포스팅을 하면 좋다는 뜻입니다.

③타깃 독자들이 관심 있을 것 같은 콘텐츠로 주목도 높이기

여러분이 검색한 키워드(예: 캠핑, 고양이)에 따른 검색 결과로 나온 스마트블록들은 다 네이버가 일일이 만들어낸 걸까요? 아니겠죠. 키워드(검색어)에 따라 다양한 스마트블록

들이 자동으로 만들어지고 있어요. 그리고 그 스마트블록들은 모든 검색 결과에 똑같이 나오는 게 아니라, 사용자의 상황, 성별, 연령대 등을 고려하여 각기 다른 순서로 노출이 됩니다.

그렇다면, 앞으로 여러분이 콘텐츠를 작성할 때에는 잠재적인 독자를 타깃으로 삼고 포스팅을 하면 어떨까요? 그렇다면 해당 사용자가 검색하여 원하는 스마트블록을 선택할 때, 그 안에 내가 작성한 포스팅이 노출될 확률이 높아질 테니까요.

⑤ Aurora 프로젝트

네이버는 사용자(검색 이용자)에게 더 나은 서비스, 더 좋은 검색 결과를 제공하기 위해서 꾸준히 랭킹 알고리즘을 업데이트하며 노력한다고 말씀드렸죠? 2022년 9월부터 시작한 오로라 프로젝트 역시 그러한 프로젝트 중 하나입니다.

AI-Based Universal Robust Ranking & Answering을 뜻하는 오로라 프로젝트는 최신 AI 기술들을 이용하여 뉴럴매칭 시킨 결과를 산출하도록 하고 있습니다. 뉴럴매칭은 무슨 뜻일까요? 사용자가 검색한 단어만으로 단순히 그 단어와 똑같은 콘텐츠 위주로 결과를 찾아내는 것이 아니라, 단어와 문맥의 의미를 동시에 고려하여 한층 적합한 검색 결과를 찾아낸다는 뜻입니다.

'지식스니팻' 역시 하나의 예시가 될 수 있어요. 사용자가 검색 결과 중에서 마음에 드는 정보를 빠르고 쉽게 확인할 수 있도록 카드 형식, 테이블 형식, 리스트 형식 등 다양한 형식으로 결과를 제공하는데요, 이는 키워드에 따라 보기 좋은 문서 형식도 달라지기 때문입니다. 지식 스니팻에 선정된 문서는 '문서 이해 기술'과 '질의응답 기술'을 고도화하여 적용한 결과라고 하네요.

지금까지 소개한 여러 가지 알고리즘 기술을 읽고 어떤 생각이 드시나요? 한 번에 이해가 잘 되어서 포스팅에도 잘 적용할 수 있을 것 같기보다는 어렵고 복잡하다는 생각부터 들지 않나요? 네이버 역시 이러한 기술들을 발표하고 소개할 때마다 장황한 설명을 자세히 해주지만, 결국 끝맺음은 똑같습니다. 검색 이용자가 원하는 양질의 결과를 제공하기 위해서 꾸준히 노력하고 진화하고 있다고 말이죠.

진정성 있는 포스팅이 무엇인지 살펴보는 챕터에서 다섯 가지 대표적인 랭킹 알고리즘을 알아보았는데요, 혹시 아직도 감이 안 온다면 책을 잠시 덮고 지금 당장 상위 인플루언서들의 블로그를 찾아보세요. '블로그차트'를 검색해서 주제별로 상위를 잡고 있는 블로그를 둘러보세요. 혹은 Erin쌤의 블로그를 방문해서 포스팅을 둘러보세요. 진정성 있는 포스팅이 무엇인지 알 것 같지 않나요?

단순히 1일 1포스팅이 중요하다고 절대 강조하지 않습니다. 1일 1포스팅도 좋지만, 더 중요한 건 양질의 포스팅이라는 걸 잊지 마세요. 양질의 포스팅은 내가 제목으로 잡은 키워드에 대한 설명을 충분히 해줄 수 있어야 합니다.

'이 블로그 포스팅 정말 잘했네. 내가 필요한 정보가 다 있어서 다른 블로그까지 둘러볼 필요가 없겠어. 다른 포스팅은 뭐가 있는지 볼까? 이런 주제도 있구나. 심지어 사진도 예쁘고, 가독성이 좋아서 포스팅 보기가 편하네. 오, 이 포스팅은 내 블로그로 스크랩(공유)해서 내가 시간 날 때 자세히 봐야겠어. 블로그에 볼거리가 많으니 일단 이웃 추가(구독)해야지. 그럼 피드에 뜰 테니까 새 글이 올라오면 또 보러 와야지!'라고 생각하게 만드는 포스팅을 해보세요. 누가 봐도 정성이 들어간 포스팅이라서 공감 버튼을 누를 수밖에 없고, 댓글을 남길 수밖에 없는 노력을 들이세요. 아무리 제목을 잘 만들어도 그 제목을 뒷받침하는 내용이 부족하다면 상위노출은 힘들어집니다. 방문자를 만족시킬 수도 없고, 성장은 더뎌질 수밖에 없어요.

내가 정말 초보라면, 이 책을 읽고 부담부터 갖지는 말라는 당부도 함께 드리고 싶어요. 글쓰기 대회가 아닌 이상, 내 글쓰기 실력을 평가할 사람은 아무도 없습니다. 오타가 조금 있다고, 사진이 안 예쁘다고, 글을 못 쓴다는 걱정은 잠시 접어두세요. 블로그 초반에는 일 방문자 수가 적은 게 당연한 거니까 너무 조급해할 필요는 없습니다. 하지만 내가 정말 '잘해보고 싶다.'라는 결심을 하셨다면 이렇게 책을 읽는 것부터 시작해서 점점 더 '잘' 해보려는 노력을 하기로 해요.

블로그는 꼭 하나의 주제만 다루는 게 좋을까요?

저는 평소에 블로그에 여행과 영어, 일상과 책 후기 등을 포스팅하고 있습니다. 그런데 갑자기 스마트폰 후기 포스팅을 했다면, 제 포스팅이 네이버 검색 상단에 뜰 수 있을까요? 당연히 아니겠죠. IT 주제를 전문으로 하는 블로그가 많기 때문입니다. 하지만 제가 스마트폰을 바꿀 때마다 포스팅했던 과거의 기록이 있고, 스마트폰 구입 후기와 개봉기와 한 달 사용 후기 등을 여러 번에 걸쳐 자세히 포스팅한 이력이 있다면? 상단에 뜰 수도 있습니다. 하물며 제 블로그의 주력 주제인 여행이나 책에 관한 포스팅은 어떨까요. 대부분 상단에 뜨거나 최소 1페이지에는 무조건 뜹니다. 어떻게 그렇게 자신하냐고요? 저는 오랜 기간 동안 블로그를 운영하며 진정성 있는, 즉 내용에 충실한 포스팅을 지속적으로 해오고 있기 때문입니다. 누군가가 내 포스팅을 검색했는데, '이게 뭐야, 필요한 정보는 없네?'라고 생각하는 포스팅은 절대 하지 않았다는 뜻이기도 합니다.

저는 이렇게 한 가지 주제가 아니라, 여러 가지 주제를 다루고 있는데도 각 주제별로 상위를 잡을 정도로 블로그를 키워 두었습니다. C-rank 지수가 높아지려면 해당 주제로 블로그를 오래도록 해야 하는데, 저는 4가지 주제를 전부 다 오래도록 꾸준히 해왔다는 뜻이기도 하지요. 제가 갑자기 스포츠나 자동차 분야의 포스팅을 한다면? 제 블로그 지수가 아무리 높다고 해도 갑자기 새로운 분야의 포스팅을 했을 때 상위노출이 가능할지는 확신할 수 없어요. 원래 쓰던 주제가 아니기 때문입니다. 내가 평소에 주력으로 하던 포스팅 외에 새로운 주제의 포스팅을 하기 시작했다면, 일정 기간 여유를 두고 차근차근 내 것으로 만들 수 있도록 장기전으로 가야 합니다. 새로운 주제로 빨리 상위노출을 하고 싶다고 해서 같은 키워드 포스팅만 자주 발행한다면 오히려 어뷰징(abusing) 행위로 인식되어 C-Rank에 안 좋은 영향을 줄 수도 있습니다.

본론으로 들어갈게요. '내 블로그의 주제를 딱 한 개 정해서 한 우물만 파야 하는 건가?' 하는 고민이 생길 거예요. 같은 질문을 몇 년 전에 받았다면 저는 꼭 그렇지 않다고, 여러 가지 주제를 다루면서도 진정성 있는 포스팅을 꾸준히 해나간다면 그 주제들을 다 내 것으로 만들 수 있다고 대답했을 거예요. 바로 저처럼 말이죠.

하지만, 최근에는 분위기가 달라졌습니다. 네이버는 한 가지 주제를 전문적으로 다루는 블로그를 우대합니다. 네이버는 공식적으로 꼭 한 가지 주제만 다뤄야 하는 건 아니라고 발표했음에도(출처: 네이버 검색 공식 블로그) 한 가지 주제를 다루는 블로그에게 인플루언서 자격을 부여하고, 키워드 챌린지에서 순위를 올려줍니다. 주제별로 '이달의 블로그'라는 제도를 통해 일 방문자 수가 적더라도 한 가지 주제로 양질의 정보를 꾸준히 제공하는 블로그에 엠블럼을 달아주기도 하고요. 이런 점을 고려하여 내 블로그에 내가 주력으로 하는 딱 한 가지 주제 위주로 갈지, 내가 좋아하는 주제는 두세 가지쯤 다루는 방향으로 갈지 스스로 고민하여 결정해야 합니다. 저는 이제 제가 주력으로 하는 여행 분야를 최대한 자주 하려고 노력하면서 동시에 다른 주제는 가끔씩만 다루는 것으로 방향성을 잡고 있습니다.

한 가지 주제로 하든, 여러 가지 주제로 하든 기억해야 할 점이 있습니다. 내 블로그에서 최우선으로 하는 주력 주제 한 가지는 다른 주제에 비해 포스팅하는 비율을 높여 더 자주 해주어야 한다는 것입니다.

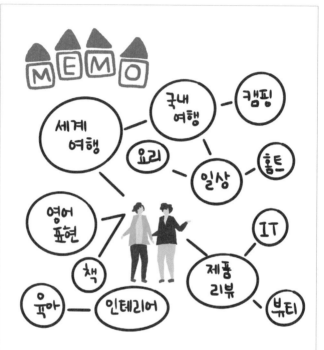

✓ 내가 정한 두세 가지 큰 주제 관련 포스팅은 주기적으로 !
　 그 외 다른 주제 포스팅은 가끔 하면서 , 정체성 잃지 마세요 .

✓ 요일별 , 주별 , 월별 포스팅 계획을 세우면 어떨까요 ?
　 정해진 요일만큼은 내 블로그 주제에 맞게 ,
　 블로그 주인인 ' 나 '의 소식 전해주는 것도 잊지 마세요 ☺

블로그 저품질
vs
블로그 최적화

:그 진실을 알고 싶다

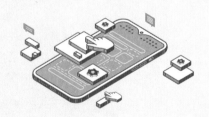

네이버 블로그팀이 말하는 공식 입장에서는 블로그 최적화, 블로그 저품질은 없다고 합니다. 최적화와 저품질이라는 개념에 집착하지 말고, 진정성 있는 포스팅을 하라는 일침입니다. 이때 말하는 진정성 있는 포스팅이란, 네이버에서 검색을 하는 '이용자'를 '만족'시키는 포스팅이에요.

네이버는 검색 이용자를 만족시키기 위해 끊임없이 검색 랭킹 로직을 바꾸고 발전시키려 노력합니다. 그렇다면 블로거들은 로직이 바뀔 때마다 그 방법을 공부하고 터득해야 할까요? 그렇지 않습니다. 저 역시 블로그 검색 로직을 따로 공부한 적 없어요. 거의 매일 블로그 포스팅을 생활화하는 입장이라면 (키워드 있는 포스팅을 하며 내 블로그 노출도를 검색해보는 습관을 가진 경우에만 해당합니다) 검색 로직이 바뀌더라도 자연스럽게 체득하게 됩니다. 또한 꾸준히 진정성 있는 포스팅을 한다면 아무리 알고리즘이 바뀐다고 한들 갑자기 저품질이 될 염려는 없습니다. 그러니까 계속해서 좋은 콘텐츠를 만드는 데만 집중하면 되는 것이죠.

그럼에도 왜 우리는 '최적화'와 '저품질'이라는 단어를 계속 쓰는 걸까요?

오랫동안 블로그를 운영해오면서 직접적으로 경험하고 있

는 블로거들이 통상적으로 사용하고 있는 용어이기 때문입니다. 흔히 말하는 최적화된 블로그라는 건, 블로그 지수가 높아서 어떤 형태의 포스팅을 하더라도 키워드가 상위에 잘 잡힌다는 걸 뜻합니다. 그에 반해 저품질 블로그는 특정 한두 개의 포스팅이 다른 포스팅에도 안 좋은 영향을 미쳐서 점점 블로그에 유입되는 방문자 수가 적어지는 현상을 뜻합니다. 더 자세히 알아볼게요.

1 블로그 저품질과 스팸필터, 누락과 신누락

공식적으로는 저품질이 없다고 하지만, 그럼에도 이러한 현상을 겪은 분들이 있기 때문에 혹시나 저품질에 걸릴까 봐 두려움에 떨게 되곤 해요. 저도 저품질을 한 번 겪어보아서 그 기분을 알죠. 당시 저는 과감히 블로그를 새로 만들어서 옮겼지만, 얼마나 마음이 아팠을지는 상상이 가시죠? 처음 만든 블로그에 차곡차곡 쌓은 여행기나 다른 추억들을 그대로 두고 새로 시작해야 했으니까요. 제가 경험했던 저품질 블로그 이야기를 통해 더 잘 이해해보도록 해요.

저품질 개념이 무엇일까요?

내가 정한 키워드 제목이 상위노출이 잘 되는 편이었다가, 어느 순간부터 노출이 잘 안 되는 현상을 말합니다. (특히 대표키워드일 경우에 해당해요. 누가 봐도 작은 키워드로 상위노출이라고 하는 건 진정한 상위노출이라고 보기엔 어렵거든요) 몇 년 전만 해도 이런 현상이 종종 발생하는 편이었어요. 갑자기 내 포스팅들이 전부 3페이지로 밀려나거나, 일 방문자 수가 반 토막이 나는 현상이었죠. 블로그마다 '평균 방문자 수'라는 게 있는데, 갑자기 방문자 수가 확 떨어지면 블로그 하는 재미가 없어지겠죠. 동시에 수익율도 낮아지고요.

제가 몇 년 전에 저품질을 겪어보았을 당시 제 블로그는 일 방문자 수 1만~2만 명 사이를 오갈 정도로 블로그 지수가 좋았어요. 방문자 수가 높으니 수익화에 도움이 되는 광고성 포스팅도 많이 하곤 했죠. 방문자 수가 오르자 점점 더 욕심이 나서 가끔은 반짝 이슈가 될 만한 포스팅을 하기도 했어요. 예를 들어 인기 방송 프로그램, 급성장 인기를 기록한 패션 브랜드, 시즌을 타는 계절성 키워드 말이죠. 그런데 이런 이슈성 포스팅은 해당 이슈가 발생하는 직전이나 당일에 포스팅하는 게 안 좋아요. 갑자기 유입이 확 몰려들어서 방문자 수가 급등하면 AI가 감지합니다.

저는 만우절 직전 날에 만우절 장난치는 법을 다루는 포스팅을 해서 급등 방문자 수를 노렸어요. 실제로 해당 포스팅의 인기는 엄청나서 만우절 단 하루 만에 포스팅 조회수가 1만 이상을 찍을 정도였죠. 그러나 하루가 지나면 방문자 수는 제자리로 돌아와요. 이러한 양상이 제 블로그에 좋은 영향을 미칠 수 있었을까요? 게다가 갑자기 방문자 수가 급증하면 어뷰징으로 의심되어 스팸필터에 걸릴 수도 있어요. 당시 제 블로그가 스팸필터에 걸린 이유는 정확하게 알 수 없지만, 대략 파악은 가능한 거죠.

이슈성, 시즌별 효자 포스팅을 하고 싶다면 미리미리 해두셔야 합니다. 만우절 포스팅을 하고 싶다면 4월 1일이 아니라 3월 초중순에 미리 하셔야 해요. 크리스마스 파티 음식 포스팅을 하고 싶다면 11월 중순부터 준비해두시면 좋습니다.

제가 저품질에 걸렸던 그 시기에는 정말 많은 블로거들이 함께 저품질에 걸렸고, 그때부터 블로그를 포기하신 분들도 많은 걸로 알고 있어요. 저는 어떻게 했을까요? 저도 정말 속상했지만 포기하지 않고, 첫 번째 블로그를 떠나서 새로운 블로그를 만들었어요. 그게 바로 지금 운영하고 있는 블로그인데요, 처음부터 차근차근 다시 블로그를 성장시켰죠.

저품질에 걸리면 저처럼 새로 블로그를 만들어 이사를 가기도 하고, 방문자 수가 줄어들었지만 원래 블로그를 쭉 운영하며 스팸필터에서 벗어나기까지 기다리는 분들도 있어요. 한 번 저품질에 걸렸다고 해서 영원히 방문자 수를 회복 못 하는 건 아니거든요. 게다가 차곡차곡 쌓아둔 내 포스팅들을 뒤로 한 채 이사를 가는 건 쉬운 결정이 아니기도 하고요. 어느 게 더 좋은 방법이라고 단정 지어 말할 수는 없을 것 같습니다.

블로그를 시작한 뒤 방문자 수가 오르면서 광고가 많이 들어오기 시작하면 점점 수익 욕심이 생기기도 합니다. 당연한 이치에요. 이때 절대로 하지 말아야 할 것은 사진과 원고를 전달받아 올려주는 광고 포스팅을 대행해주는 일입니다. 이러한 제안은 블로그 쪽지, 톡톡, 댓글, 안부글, 어떻게 알았는지 카카오톡 메시지나 핸드폰 번호로도 들어옵니다. 내 블로그에 포스팅 하나만 올려주면 적게는 2만 원부터 많게는 50만 원 이상까지 준다고 하니 혹할 수밖에요. 하지만 광고 업체가 전달해주는 원고와 사진을 받고 올리면 스팸필터에 걸려듭니다. 단 한 번 만에 걸려들 수도 있고, 여러 번 해도 안 걸리다가 갑자기 걸려들 수도 있습니다. 약간의 운이 작용할 수도 있지만, 결국은 스팸필터에 걸려드는 것만큼은 분명합니다. 그러므로 블로그에서는 직접 작성한 글, 직접 찍은 사진 위주의 포스팅을 권장합니다.

또한 사용자들이 검색할 때 그 만족도를 저해하는 문서를 반복적으로 포스팅하거나, 포스팅을 장기간 관리하지 않고 내버려두어 블로그를 방치할 경우에도 C-rank 지수는 떨어지게 됩니다. 그렇게 C-rank 지수가 떨어지면 오랜 기간 방치한 블로그에 포스팅을 해도 노출은 어려워지겠죠. 간혹 이를 두고 저품질이라 생각해서 더더욱 블로그를 방치하는 경우도 있는데요, 이는 저품질이 아니라 블로그 지수가 떨어져 있는 상태일 뿐이에요. 블로그 지수는 블로그 포스팅을 자주 할수록, 양질의 포스팅을 많이 쌓아갈수록 높아집니다. 누구에게나 초보 시절은 있고, 초보 시절에는 상위노출을 하기가 어렵기 마련입니다. 블로그 포스팅을 짧게는 한 달~ 1년까지 장기간으로 보고 꾸준히 포스팅을 이어가세요.

블로그 글 수정하면 저품질에 걸리나요?

블로그 글을 수정하면 저품질에 걸린다는 건 말도 안 되는 이론입니다. 네이버에서도 공식적으로 '수정'은 블로그에 아무런 영향을 미치지 않는다는 내용을 문서화하여 제공하였습니다. 저 역시 포스팅을 하나 한 뒤에 수정을 매우 많이 합니다. 맞춤법 검사기로 검사를 했어도 또 맞춤법이 틀린 걸 발견하기도 하고, 꼭 필요한 정보를 깜빡해서 다시 추가하기도 합니다. 분명히 상위노출이 될 줄 알았는데, 24시간이 지나도 상위노출이 되지 않는 포스팅이 있다면 제목의 키워드를 살짝 변경하기도 합니다. 그렇게 해서 다시 상위노출에 성공한 적도 많고요.

그렇다면 왜 이런 소문이 생긴 걸까요?

수정을 하면 안 되는 경우가 딱 하나 있기 때문입니다. 여러분이 포스팅을 하고, 24시간이 지나 네이버에서 해당 키워드를 검색해보세요. 1페이지에 노출되었나요? 상위노출이 잘 되고 있나요? 그렇게 상위노출이 잘 되고 있다면, 해당 블로그의 제목에 사용된 키워드를 굳이 변경할 필요가 있을까요? 본문 속에 있는 해당 키워드를 굳이 삭제하거나 더 추가할 필요가 있을까요? 절대 없습니다.

상위노출은 내가 블로그 포스팅 '제목에 쓴 키워드'가 '본문 속에서 사용한 키워드'와 만나 적절한 조합을 이룰 때, 그때 성공합니다. 이미 상위노출에 성공했다는 뜻은 해당 키워드의 조합이 A.I.에게서 선택을 받아 이루어졌다는 뜻이니, 굳이 수정할 필요는 없겠죠?

이때에도 맞춤법을 수정하거나, 사진을 수정하는 행위는 괜찮습니다. 그런 단순한 오류 수정은 절대 아무 영향을 미치지 않아요. 이제 이해 하셨나요? 포스팅 수정은 언제나 괜찮습니다. 단, 이미 상위노출이 잘 되고 있다면? 굳이 긁어 부스럼을 만들 필요가 없을 뿐입니다.

스팸필터에 걸리는 **나쁜** ✔ 포스팅 재료

✔ 무분별한 키워드 반복 사용

✔ 링크 반복 사용 및 대량 생산

✔ 포스팅 내용과 무관한 링크 연결
  - 낚시성 링크, 불법 콘텐츠 링크
  (상업적 사이트 링크를 가져올 때에는,
   링크 내에 보이지 않는 URL이나 스크립트가
   숨어있을 수 있으니 메모장 등에 복사했다가
   다시 사용하는 게 안전합니다.)

✔ 유사 문서 사용 - 출처를 표기하지 않은 공식문서
                 - 타인의 글 복사/사진 캡처

✔ 대가성 포스팅 표기를 명확하게 하지 않은 경우
  (포스팅의 시작이나 끝 부분에 명시해야 합니다.)

✔ 비정상적인 출처에서 생성된 매매/대여를
  목적으로 한 포스팅

블로그 최적화 만들기 = 블로그 지수 높이기

네이버는 검색 랭킹에 다양한 알고리즘을 적용시키고 있다고 앞에서 말씀드렸죠? 그중 하나가 '출처의 신뢰도를 기반으로 한 C-Rank'입니다. 출처의 신뢰도를 기반으로 한다는 말이 어렵게 다가온다면, Ⅱ. 진정성 있는 포스팅하기 페이지(P96~110)로 돌아가서 다시 한 번 로직에 대한 이해를 하신 후에 돌아오시면 이해가 좀 더 쉬워질 거예요.

제목에 쓴 키워드와 실제 블로그 포스팅 내용이 얼마나 일치하는지, 그러니까 사람들이 제목을 검색하여 클릭한 포스팅에 얼마나 신뢰를 갖는지를 기반으로 하는 것이 바로 C-Rank입니다. 이는 매일 업데이트 되고 진화를 거듭하며 검색 결과에 실시간으로 반영되고 있습니다. 항상 더 나은 검색 기반을 구축하기 위한 네이버의 노력이라고 볼 수 있는데요, 이는 알고리즘에 맞는 양질의 포스팅을 하는 블로거의 노력도 필요하다는 뜻이기도 합니다. 양질의 블로그를 어떻게 작성하는지, 대체 진정성 있는 포스팅이 무엇인지는 앞에서도 충분히 설명하였습니다. 혹시 잘 모르겠다면 두 번, 세 번 읽어 볼 필요가 있습니다.

뒤에서도 진정성 있는 포스팅을 위한 도구를 더 많이 알려드릴 예정이니까 책을 끝까지 읽는 건 더욱 중요하고요.

네이버에서 공식적으로 저품질 개념이 없다고 했듯이, 최적화 블로그도 없다고 합니다. 하지만 블로거가 항상 신뢰도를 쌓을 만한 포스팅을 지속적으로 한다면, 앞서 소개한 다섯 가지 블로그 알고리즘에 부합하여 최적화 블로그가 될 수밖에 없겠지요?

신뢰도를 쌓을 수 있는 블로그 포스팅 팁이 알고 싶다면, 계속 읽어주세요.

신누락과 누락의 차이점이 뭔가요?

최근에는 저품질이 아니라 신누락 현상이 생겨났다는 소문이 있어요. 이 역시 소문이지만 분명히 그 현상은 나타나고 있어요. 네이버가 공식적으로 만든 용어가 아니라면, 소문이라고 보는 것뿐이지, 없는 현상을 있다고 말하는 건 아니랍니다. 신누락은 두 가지 양상으로 나타나요.

신누락 사례 1)

멀쩡히 상위 잘 잡던 글이 어느 날 조회수가 안 나온다? 그럼 해당 포스팅의 제목을 똑같이 복사해서 붙여넣기 해보세요. 그때 view탭에서는 안 보이는데, '웹사이트/통합' 영역에만 나온다면 신누락이라는 현상이라고 볼 수 있어요. 뷰탭에서는 안 보여도 스마트블록에서 상위를 잡고 있는 경우에는 진정한 신누락이라고 보기는 어려워요.

▶ **해결책**

1-1) 72시간 기다린다 : 다른 분들이 이미 경험했다는 후기를 보고, 저도 신누락에 걸린 포스팅을 일부러 72시간 지켜

보았는데, 실제로 딱 72시간(3일)이 지난 후에 다시 뷰탭에서 보이더라고요. 뷰탭 상위 1위 잡던 글이었는데 3일이라는 시간 동안 안 보였으니, 순위는 밀렸지만, 다시 나타났어요. 즉, 72시간 기다리고 해당 포스팅을 그냥 두기로 하는 게 대안 1번입니다.

1-2) 해당 포스팅 키워드가 좋다고 생각하면, 삭제하고 새로 다시 한다 : 포스팅을 처음부터 다시 할 때에는 스팸필터에 걸릴 의심이 있는 요소는 다 없애기로 합니다. 제가 신누락에 걸렸던 경우, 의심되는 요소가 있었어요. 평소에는 늘 신경 쓰는 부분인데도 그날따라 알면서도 귀찮아서 그냥 지나쳤더니 신누락에 걸렸어요. 이번에도 정확한 이유는 알 수 없으나, 링크를 여러 번 사용했던 게 걸린 것 같아요. 앞에서도 설명했지만 스팸필터에 걸려드는 요소 중 하나가 바로 '링크의 무분별한 사용'이에요. 무료 사진을 다운로드 받았을 때 혹은, 다른 웹사이트를 소개하려고 링크를 복사했을 때, 나도 모르는 사이에 안

좋은 주소가 숨어있을지 모르니 주의해야 해요. 이럴 땐 메모장에 붙여넣었다가 쓰거나, '출처 : OOO' 하고 직접 타이핑해서 남기는 걸 권장해드려요.

신누락 사례 2)

생긴 지 얼마 안 된 신생블로그는 신누락에 잘 걸려든다? 이 말을 처음 들었을 땐 말도 안 된다고 생각했는데, 실제 그런 일이 발생하기도 하는 걸 직접 봤어요. 2021년에 블로그를 새로 만든 분의 포스팅을 몇 번 봐 드린 적이 있었는데, 실제로 이유 없이 72시간 뒤에 노출이 되는 경우가 종종 있더라고요. 하지만, 신생블로그라서 무조건 그렇다고 말하기엔 애매하죠. 신생블로그는 초보라서 처음부터 리뷰나 정보 전달을 확실하게 잘 못 하는 게 당연하니까요. 블로그 경력을 쌓아나가다가 자기만의 노하우도 발굴하고, 글감이나 지도 삽입도 빼먹지 않고 잘하고, 키워드도 점점 잘 잡아나가는 경험을 해나가야죠. 그렇다 보니 신생블로그는 C-rank 지수가 잘 안 잡혀서 그럴 가능성이 커요.

▶ 해결책

2-1) 위의 1-2 사례처럼 포스팅을 다시 한다.

2-2) 블로그 C-rank 지수가 높아지도록 양질의 포스팅을 꾸
준히 한다 : 이 기간은 최소 한 달-3개월 정도 걸리는 것
같아요. 양질의 포스팅을 얼마나 자주 하냐에 따라 그 기
간이 짧아지기도 하고, 그 기간이 늘어나기도 해요. 그런
데 블로그를 새로 만든 초보 블로거들은 포스팅은 겨우
한두 개만 해놓고, 많은 사람이 봐주길 원하세요. 기대치
는 높은데 방문자 수가 기대만큼 안 나오자, 바로 포기
하는 분들도 많고요. 약 한 달간은 방문자 수가 저조해도
찐 이웃 두세 명과 교류하며 지루한 시간을 견뎌내시면
좋을 것 같습니다.

그렇다면 블로그 포스팅 '누락'은 무엇일까요?

누락은 말 그대로 누락이에요. 누락은 아예 반영이 안 된 현상
으로, 블로거들에게 종종 일어나는 일이에요. 저는 포스팅을 올
린 후, 약 1시간-24시간 정도 지나면 제가 생각한 키워드를 검
색해서 상위를 잘 잡고 있는지, 내가 노린 키워드로 유입이 잘
되고 있는지 확인을 하는 편이에요. 이때, 유입 통계에서 검색
어 유입은 없고 이웃 피드 유입만 있다면? '누락'을 의심해볼 수
있어요. 그럴 경우 24시간은 무조건 기다리셔야 해요. 노출은

24시간부터 시작하고, 상위노출은 72시간 이내에 결정되어요.

누락이 의심되면 내 포스팅 제목을 완전히 똑같이 복사해서 네이버 검색창에 붙여넣기 해보세요. 결과에 아예 안 나온다면? 그게 진짜 누락이에요.

내가 정성스럽게 포스팅한 게 누락되었다면 너무 속상하겠죠. 그럼 '검색어 반영 요청'을 할 수 있어요. 무작정 신청하면 안 되고, 꾹 참고 24시간 기다렸다가 신청하셔야 합니다.

검색어 반영 요청하는 법은 블로그에 포스팅해서 알려주는 분들도 많고, 제 블로그에도 있습니다. 제 블로그로의 유입 QR 코드를 바로 연결해드릴 수도 있지만, 여러분이 잘 모르는 것을 직접 검색해보는 것도 하나의 연습입니다. 블로그 하다가 생기는 의문점은 웬만하면 검색하면 다 나온답니다. 모르는 걸 검색하고, 하나씩 알아가는 것도 습관으로 만들기로 해요.

tip

내 블로그 지수를 알아보는 방법이 있나요?

네이버 공식 입장에서는 C-rank, D.I.A.등 랭킹 알고리즘에 대한 소개만 했지, 블로그 지수라는 말을 사용하지 않습니다. 그러므로 공식적으로 내 블로그 지수를 알아보는 방법은 없습니다. 하지만 저품질, 최적화 같은 말처럼 오랜 시간 블로그 활동을 해온 사람들 입에서 오르내리는 단어 중 하나가 바로 '지수'입니다. 이 말은 블로그의 방문자 수나, 유효 키워드 등을 조사하여 가상으로 블로그 지수를 체크해주는 프로그램을 만든 사람들도 있다는 뜻입니다. 블로그 지수를 나타내주는 웹사이트를 100% 신뢰할지 말지는 여러분에게 맡깁니다.

블로그 강의를 하다 보니, 꽤 많은 사람이 본인의 블로그 지수를 궁금해하신다는 걸 알았어요. 그런 분들께 도움이 될까 하여 사이트 소개를 해보지만, 어차피 여기서 나타나는 결과는 결국 내가 얼마나 자주 블로그를 했는지, 얼마나 오랫동안 꾸준히 해왔는지, 검색될만한 키워드가 있는지, 상위노출이 되고 있는지, 평균 일 방문자 수는 얼마나 되는지 등을 파악하여 나타내주는 지표일 뿐입니다.

　블로그를 잘 운영하는 사람들 즉, 저처럼 오랫동안 블로그를 운영해온 사람들은 키워드를 잡고, 본문에 녹여내고, 상위노출 시키는 방법을 따로 공부하지 않아도 저절로 알게 된다고 말씀 느렸죠? 그처럼 블로그 지수 역시, 상위 인플루언서들은 굳이 내 블로그 지수를 파악하지 않아도 최적화되어 있다는 걸 체감하고 있습니다.

　반면에 내가 블로그를 오랫동안 운영하지 않고 방치해두었다면 다시 블로그 활동을 재개하고, 일 방문자 수를 높일 때까지는 지수가 낮게 나올 게 분명합니다. 실제로 이런 분들이 검사를 해보면 저품질이라고 나올 때도 있습니다. 오랫동안 블로그를 안 했기 때문에 C-rank 지수가 떨어진 것뿐이니까, 혹시라도 궁금해서 블로그 지수를 검색해보셨다가 절대 실망하지 마세요. 저는 이렇게 블로그 지수를 검사해보는 절차를 굳이 추천드리지는 않습니다. 100% 정확하지 않으니까요. 궁금하면 한 번쯤 해보는 참고용으로만 활용하시길 바랄게요.

▶ 블로그 랭킹이나 지수를 알아볼 수 있는 사이트

바루다

https://baruda.co.kr/

블로그헬퍼

https://bloghelper.co.kr/

슈퍼멤버스

https://www.supermembers.co.kr/

블로그 스탠다드

https://blogstand.net/login/loginForm.do

꿈의 공장

https://www.kkumgongjang.com/

▶ 내 포스팅이 누락인지 확인하는 사이트

웨어이즈포스트

https://whereispost.com/

블로그유틸24

http://blogutil24.com/

IV

순 방문자 수보다
높은 조회수 만들기,
그리고 체류시간

① 블로그 체류시간이라는 건, 사람들이 내 블로그에 와서 포스팅 하나당 소비하는 시간을 뜻합니다.

네이버 공식 명칭은 '평균 사용 시간'이며, '내 블로그 통계'의 '블로그 평균 데이터'에서 확인이 가능합니다. 일별, 주별, 월별 시간 확인이 가능합니다. 이때 '내 블로그 평균'이 '상위 그룹 평균'을 웃돌 때 좋은 결과를 내고 있다고 생각하면 됩니다.

게시글 평균사용시간　사용자가 내 블로그에 방문하여 게시글 1개를 읽는데 사용한 평균 시간　단위 : 초

내 블로그 평균
161

0　　　　　　　　　　　　　　　　　　　　　　　　　　　　　　　　1,730

148　152
서비스 전체 평균　상위 그룹 평균

첨부 사진을 살펴보셨나요? 그렇다면, 여러분의 블로그 통계는 어떤가요? 내 블로그에 방문한 이용자가 내 포스팅 하나를 읽는 데 얼마큼의 평균 시간을 사용하고 있나요? 1분~2분(120초 이내) 사이라면 서비스 전체 평균보다 못하다는 뜻이고요, 3~4분 이내라면 최적의 평균입니다. 가장 높은 최상위에 머물고 있다고요? 그럼 더없이 좋은 지표일 수 있지만, '게시글 평균 사용 시간'만 상위 그룹 평균을 웃돈다고 해서 무조건 좋은 게 아니란 건 눈치 채셨을 거예요.

② 가장 중요한 건 아무래도 '조회수'입니다.

글 하나를 썼는데, 조회수는 '전체 평균 미만'이면서 평균 체류시간만 5분이면 무슨 소용일까요? 일정 조회수는 기본으로 섭렵한 후에, 조회를 한 이용자들이 체류도 오래 해야 지수가 높은 블로그라고 할 수 있습니다.

③ 이게 끝은 아니겠죠?

내 블로그의 어떤 글을 클릭했는데, 그 글이 좋아서 여유 있는 체류시간을 두고 포스팅을 읽었다면? 내 블로그의 다른 글도 클릭할 확률이 높겠죠? 그 글도 또 좋았다면? 다른 글도 클릭할 거고, 다음에 또 방문하겠죠? 그게 바로 '방문 횟수' 그래프가 나타내는 숫자입니다.

④ 한 사람이 하루에 여러 번 방문한 횟수를 제외한 '순 방문자 수' 역시 높게 만들어야 좋은 건 두 말할 필요 없어요.

만약 내가 블로그 포스팅 하나 한 뒤에, 친한 친구가 그 글을 계속 클릭해주는 역할을 한다면 블로그 방문자 수가 높아질까요? 일정 시간 간격을 두고 클릭을 반복하는 수고를 한다면 방문 횟수는 늘어날 수도 있겠네요. 하지만 그 글을 제대로 읽지 않고 클릭만 한다면, 오히려 체류시간을 짧게 만드는 주범이 될 수 있습니다.

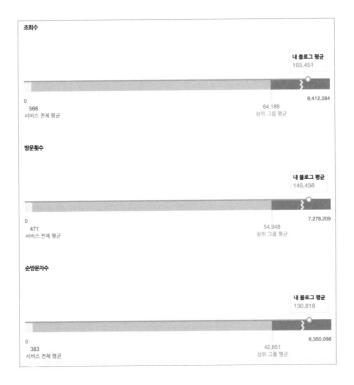

그렇기 때문에 서로 '공감'을 눌러주는 품앗이 모임은 절대 추천하지 않습니다. 공감 개수나 댓글 개수가 중요한 건 아니므로, 그런 식의 가짜모임에 참여하지 마세요.

뭇사람들이 블로그 체류시간은 중요하지 않다, 체류시간이 그렇게 중요하면 화면을 켜놓고 딴 일 하면 되는 거 아니냐, 밤에 블로그 열어두고 자면 되는 거 아니냐는 말을 하기도 하는데요. 이 역시 틀린 말입니다. 특정 누군가가 포스팅 한두 개를 클릭하여 머문 시간이 1시간~2시간이라고 해서, 나머지 포스팅 체류시간의 평균을 늘려주는 게 아니니까요. 블로그는 모든 포스팅 당 방문자의 아이디와 아이피, 이용자의 성별과 연령대는 물론, 검색 유입 세부 분석까지 다 파악하고 있는데, 그런 식으로 체류시간을 늘리는 게 통할 리가 없죠.

어차피 조회수를 높이는 '검색어 상위노출'에 노력을 가한다면(=진정성 있는 포스팅을 한다면), 체류시간은 자연스럽게 길어지게 될 거예요. 그럼에도 체류시간이 너무 짧을까 봐 걱정되는 분들을 위해 팁을 드려볼게요.

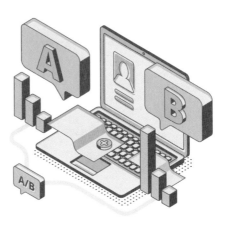

V

체류시간을 늘리기 위한
포스팅 노하우

(잡지 에디터가 된 기분으로,
간결하고 예쁘게, 정보전달은 기본!)

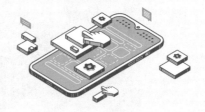

1 전체 레이아웃, 디자인하기

'나는 스마트폰 포스팅만 하는데, PC로 보는 블로그 디자인이 필요 있을까요?'라고 생각한다면 오산입니다. 블로그는 내 공간이기도 하지만, 방문자를 위한 공간이기도 하다는 걸 잊지 마세요. 아무리 스마트폰 포스팅만 하더라도, PC에서 보는 블로그 설정은 관리해야 합니다.

블로그의 전체 느낌은 당연히 개인 취향에 맡겨야겠지요. 그러나 방문자가 보기 좋은, 가독성 좋은 블로그의 형태는 따로 있습니다. 바로 단순하고 깔끔한 형태의 블로그입니다. 이는 사진이나 영상을 크고 넓게 볼 수 있으면서도 안정적인 느낌을 더해주기 때문입니다. 단순히 정보를 제공하는 공간이 아니라, 집 같은 편안함을 준다고 여겨보세요.

① 블로그 '관리 - 꾸미기 설정 - 스킨'으로 가보세요.

다른 색상이나 무늬가 없는 새하얀 바탕의 스킨을 선택하세요. 바탕이 하얀색일 때, 내 포스팅의 사진과 글이 돋보입니다.

② '디자인 설정 – 레이아웃·위젯 설정'으로 가보세요.

상단에 여러 종류의 레이아웃이 있을 텐데요. 가장 왼쪽에 있는 레이아웃 혹은, 가장 오른쪽에서 두 번째 레이아웃을 고르세요. 블로거가 활용하기 가장 깔끔한 레이아웃 두 개입니다.

③ 레이아웃을 넓게 설정하셨다면,

기본 설정으로 잡혀 있던 위젯 중에 사용하지 않는 위젯 옆에 있는 상자에서 녹색 체크를 해제하여 필요 없는 위젯은 없애주세요. 블로그 첫 이미지를 최대한 깔끔하게 만들 거예요.

⊙ 위젯 사용 설정

☐ 사업자정보 ?   EDIT
☐ 콩저금통 ?   EDIT
☐ 달력
   달력보기   ∨
☐ 지도
☑ 서재
   1단형(2권)   ∨
☑ 카운터
☐ 시계
☐ 날씨
☐ 환율
☐ 명언
☑ 방문자그래프
☐ CCL
☑ 네이버 포스트 ?

④ 내가 꼭 사용하고 싶은 메뉴와 위젯만 남았다면

이제는 적절한 위치를 선정할 차례입니다. 마우스로 클릭하여 드래그하여 옮길 수 있으니 이리저리 움직이며 보기 좋은 형태를 만들어 보세요. 잘 모르겠다면 아래 사진을 보고 따라해 보세요. 하지만 본인이 원하는 스타일을 찾아 개성을 살리는 블로그를 만들어 보는 것도 하나의 숙제입니다.

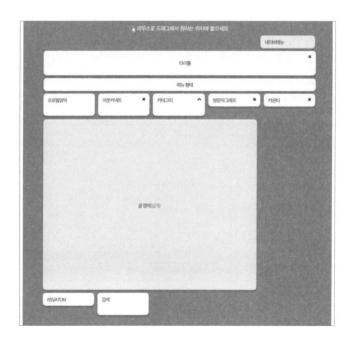

⑤ '관리 – 메뉴관리 – 블로그'로 가보세요.

'페이지당 글' 개수를 선택할 수 있게 되어 있죠? '1개'로 선택해주세요. 스마트폰에서 볼 때는 해당이 안 되지만, PC에서 볼 때는 한 페이지에 포스팅 한 개씩 보는 게 최적입니다. 페이지당 글 개수를 여러 개로 설정해두면, 방문자가 포스팅을 보면서 스크롤바를 내리다가 자연스럽게 다음 글로 넘어가버리는 경우가 생기거든요. 그러면 내 포스팅에 공감이나 댓글을 남길 기회가 줄어들기도 하지만, 엉뚱한 포스팅에 엉뚱한 댓글을 남기는 일이 발생할 수도 있어요.

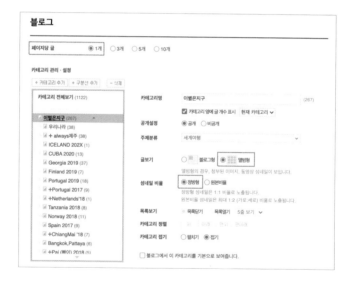

참고자료 사진처럼 블로그 글보기는 '앨범형', 썸네일 비율
은 '정방형'으로 설정하면 블로그를 대하는 첫 이미지가 깔
끔하게 다가옵니다. 블로그에 적응한 후에는 모두 개인 취향
에 맞게 바꾸셔도 좋아요.

방문자가 오래 머무는 포스팅을 가르쳐준다고 하더니 왜
블로그 레이아웃 설정부터 하느냐고요? 이게 바로 체류시간
을 늘리는 첫 단계입니다. 방문자가 보기 좋은 포스팅을 하
기 위한 기본 세팅을 완료하신 거예요.

② 가독성 좋은 포스팅하기

내가 필요한 정보를 검색해서 블로그를 찾아본 적 있으시
죠? 그때 어떤 포스팅을 선택하시나요? 어떤 블로그는 글 정
렬과 사진 구성이 좋아 잘 읽히고, 어떤 블로그는 글의 흐름
이 계속 끊기는 듯한 느낌을 받은 적이 있을 거예요. 심지어
어떤 블로그는 클릭하자마자 보기에 좋지 않아 창을 닫은 적
이 있을 것이고, 반면에 어떤 블로그는 보기가 너무 편해 다
른 포스팅까지 클릭해보다가 이웃 추가를 한 적이 있을 거
예요.

이 책을 읽고 있는 여러분들은 많은 사람들이 읽어줬으면 하는 마음으로 블로그를 만들어가고 있을 거라 생각합니다. 나만 보는 일기장이라면 어떤 형식으로 쓰든 상관이 없겠지만, 정보를 제공하고 공유한다면 입장이 달라지니까요. 그렇다면 내가 만든 콘텐츠, 내가 작성한 글을 조금이라도 읽기 쉽게 정렬해야겠죠?

다음 사진은 2022년 11월 기준 제 블로그 방문자 통계 중 기기별 분석입니다. 수많은 통계 사례 중 일부겠지만, 점점 모바일로 블로그 정보를 검색하는 이용자가 많아진 건 확실합니다. 그렇다고 모바일 중심으로 포스팅을 해야 하는 건 아니겠죠. 모바일 버전과 PC 버전 이용자를 모두 만족시킬 수 있어야 합니다. 심지어 태블릿 이용자까지 만족시킬 수 있는 글 정렬 방식을 알아보기로 해요.

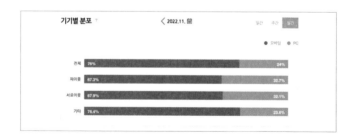

① 포스팅 글 정렬 방식 – 가운데 정렬

포스팅의 글밥이 많지 않은 경우(비교적 설명이 짧을 때)에는 가운데 정렬을 하여 글을 쓰는 게 좋습니다. 그런데 문제는, 가운데 정렬로 맞춰 놓은 상태에서 글쓰기를 하다가 어느 시점에서 줄 바꿈(엔터 치기)을 해야 할지 잘 모른다는 데에 있습니다. 내 느낌에 맞게, 내 호흡에 맞게 줄 바꿈을 하는 것은 결코 추천하지 않습니다. PC에서 줄 바꿈을 하며 끊어진 문장 부분이 PC, 태블릿, 모바일에서 다르기 때문입니다.

그렇다면 처음부터 스마트폰에서 포스팅을 작성하면 괜찮을까요? 그것도 아닙니다. 스마트폰 역시 기종별로 화면의 크기가 다르기 때문이죠. 만약 내 스마트폰 화면이 큰 편에 속한다면, 화면 크기가 작은 스마트폰에서는 엉뚱한 부분에서 줄 바꿈이 되고 말 거예요. 이렇듯 가운데 정렬 방식은 스마트폰의 폭(너비)과 잘 맞도록 조절하기가 힘들다는 단점이 있습니다.

이를 보완한 방법이 있습니다. 블로그 포스팅 화면의 우측 하단에 있는 '모니터 아이콘'을 클릭하여 '모바일 화면' 버전을 선택하는 것이죠. PC에서도 스마트폰에서 포스팅하는 효과를 볼 수도 있어요.

하지만 이 역시 모든 스마트폰 기종을 아우르는 규격이 아니기 때문에 미세한 차이는 발생할 수 있습니다. 미세한 차이까지 방지하기 위해서는 조금 더 짧은 호흡으로 줄바꿈(엔터)을 해주면 좋을 것 같네요.

〈PC버전, 모바일 버전 적절히 활용하기〉

안녕하세요, 푸른향기입니다!

어느덧 4월 중순을 넘어서면서
따뜻한 바람이 싱그럽게 불어오는
아늑한 봄날씨가 이어지고 있어요.
이제 정말 쌀쌀한 계절의 흔적을 느낄 수 없는
따뜻한 봄이 찾아온 것 같은 기분이 듭니다 :)

그런데 이렇게 따스한 봄날씨와 함께
아주 특별한 날이 다가오고 있다는 사실,
혹시 알고 계신가요?

바로 유네스코 총회에서
독서 출판을 장려하기 위해 제정한
세계 책과 저작권의 날입니다♥
다음주 금요일, 4월 23일인데요!
우리나라에서는 "세계 책의 날" 또는
"책 드림 날"이라고 부르기도 한답니다!

그래서 푸른향기가 세계 책의 날을 기념하여
조금 특별한 이벤트를 준비해 보았어요 :)

〈가운데 정렬 예시〉

② 포스팅 글 정렬 방식 – 양끝 정렬

글(콘텐츠 양)이 많은 경우라면 경력이 쌓인 블로거들은 대부분 양끝 정렬 방식을 채택하는 편입니다. 기종 상관없이

PC, 태블릿, 모바일 화면에서 모두 일정한 형식으로 보이기 때문이지요. 마치 우리가 읽는 책과 비슷한 느낌이라고 생각하시면 돼요.

가운데 정렬은 '모바일 버전'에 맞게 포스팅을 한다 해도 사람마다 사용하는 스마트폰 크기가 다르기 때문에 줄 바꿈 지점이 달라진다는 것과 PC 버전에서는 여백이 크게 남는다는 것이 단점이 될 수도 있었어요.

양끝 정렬 포스팅을 할 때는 아예 줄 바꿈을 하지 않습니다. 대신 두세 줄 정도가 될 때마다 아예 문단을 바꿔줍니다. 중간 중간에 적절한 사진과 영상을 활용함과 동시에 문단을 자주 나누어 줌으로써 화면 안에 글이 너무 꽉 찬다는 느낌이 들지 않게 포스팅하세요. 글이 지루하다는 느낌이 들지 않도록 강조하고 싶은 단어나 문장을 진한 글씨로 만들어주세요. 글자색을 바꾸거나 밑줄을 긋는 것도 좋은 방법입니다.

양끝 정렬의 단점을 하나 뽑자면, 글밥이 많아야 한다는 점이죠. 짧은 이야기로는 양끝 정렬을 활용할 수 없거든요. 도저히 문장을 만들어 나가기가 힘들 때면, 스토리텔링 하는 기분으로 글을 쓰면 된다는 걸 잊지 않았죠? 오늘의 날씨나 기분으로 포스팅을 시작하고, 간단한 안부도 물어보세요. 업로드한 사진을 묘사하거나, 사진 속 표지판이나 안내문에 있는 설명을 다시 한 번 글로 옮겨보세요. 포스팅 관련 에피소드를 풀어보거나, 포스팅과 자연스럽게 연계할 수 있는 이야기를 써 내려가 보세요. 양쪽 정렬로도 충분히 몇 줄씩, 몇 문단씩 쓸 수 있을 거예요.

Georgia

조 지아를 여행할 때 빼놓으면 섭섭한 여행지는 바로 메스티아입니다. 조지아는 도시간 이동이 힘들어서 스케줄이 허락하지 않는 분들은 메스티아와 우쉬굴리를 빼놓고 여행하기도 하시는데요, 꼭 들러보기를 추천하는 예쁜 도시예요. 메스티아에 머무는 동안 산책길에 들른 카페나 레스토랑도 자연의 일부일 수밖에 없는 그런 곳.

작은 산골마을에 갔다가 탄생한 제 책 《대체 조지아에 뭐가 있는데요》의 표지 배경이 된 장소를 오늘 소개하려고 합니다.

〈양끝 정렬 예시〉

③ 소제목 활용과 문단 띄우기

블로그는 나만의 공간이기도 하지만, 방문자를 위한 공간이기도 하다는 걸 잊지 마세요. 내가 읽기 좋은 글이라기보다 검색 이용자가 보기 좋은 화면이어야 한다는 게 포인트예요. 어느 블로그를 방문했는데 화면 한 가득 글자가 가득 차 있으면 어떨까요? 좋은 정보가 가득 들어있는 것도 중요하지만, 그 정보를 읽기 쉽게 정리하는 것은 더 중요합니다. PC에서 작성한 걸 다시 모바일 화면에서 확인해보세요. 답답한 느낌이 들지는 않는지 다시 한 번 확인해보세요. 글자 수가 많은 포스팅이 좋다고 해서 너무 많은 글을 쓰면 방문자들은 떠날 수도 있습니다.

블로그 포스팅은 가독성이 중요합니다. 키워드 선정 및 진정성 있는 포스팅을 할 준비가 되었다면 이제는 보기 좋고, 읽기 편한 포스팅의 세계로 한 걸음 나아갈 차례예요. 가독성 좋은 양질의 포스팅을 하기 위해 본문에서 활용할 수 있는 것들을 소개할 차례입니다. 그전에 우리 먼저 내가 자주 쓰는 포스팅 환경을 세팅해볼까요?

'관리 - 기본 설정 - 기본 정보 관리 - 기본 서체 설정'에서 원하는 글씨체와 크기, 글 정렬 방식을 선택해주세요. 2022년 11월 30일을 기점으로 예전에 사용하던 스마트 에디터 2.0은 사라졌고, '스마트 에디터 ONE'만 사용 가능합니다. 여기서 내가 원하는 기본 서체를 설정해두려고 해요. 기본으로 설정했다고 해서 매번 이 기본 세팅값으로만 포스팅해야 하는 게 아닌 건 아시죠? 포스팅을 빠르게 하기 위한 첫걸음 중 하나로서, 내가 선호하는 기본 세팅값만 설정해두는 거지, 포스팅을 할 때마다 내가 강조하고 싶은 글씨체나 정렬방식 은 그때그때 바꿀 수 있어요.

글씨체 종류가 많기 때문에 무엇을 할지 고민이 되실 거예 요. 나는 좀 특별하게 하고 싶다고 생각한 분들은 '다시시작 해'체나 '바른히피'체를 선택하고 싶을 수도 있고요. 하지만 가장 기본이 되는 글씨체가 가독성을 높여줍니다. 저는 가 장 기본인 '나눔고딕'체를 설정해두고, 포스팅 중간에 강조 하고 싶은 부분에는 '나눔명조'로 강조를 해줍니다. 글씨 크 기는 15로 설정했지만, 시력이 안 좋으신 분들은 처음부터 크 기를 16, 19 정도로 설정해두어도 좋을 듯해요. 글 정렬은 앞 에서 어떻게 하면 좋을지 (챕터 V-2번-①가독성 좋은 포스팅하 기) 알려드린 거 기억하시죠? 가운데 정렬 혹은 양끝 정렬을 선택하시면 좋을 것 같고요.

마지막으로 제가 드리는 저만의 팁! 글자 색상 세팅을 기 본 검정색으로 하지 않고, 진회색 정도로 살짝 흐리게 설정해 보세요. 검정색보다 살짝 흐린 진회색이 눈을 피로하지 않게

합니다. 중간중간 강조하고 싶은 단어나 문장은 블록 잡아서 기본 검정색으로 변경하고 진하게 설정해보세요. 내 블로그에 온 사람들이 보기에는 같은 검정색 글씨 같은데, 신기하게 가독성이 높네? 하고 신기해하게 될 거예요.

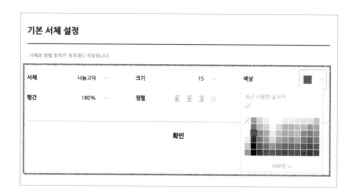

3 포스팅 본문에 활용하면 좋은 기능들

① 잘 찍은 사진 예쁘게 배치하기

초보 블로거라면 블로그를 위해 굳이 카메라부터 살 필요는 없습니다. 요즘 스마트폰만으로도 충분히 좋은 사진을 찍을 수 있거든요. 심지어 어떤 카메라보다는 최신형 스마트폰 화소수가 더 높아서 좋은 사진을 찍을 수 있습니다. 문제는 사진 찍는 법이지, 도구가 아니랍니다. 적절한 밝기 조절과 구도만으로도 멋진 사진을 찍을 수 있어요. 사진을 찍은 뒤 밝기를 조금 더 밝게 만들고, 수평·수직을 맞춰주는 정도는 현존하는 아무 스마트폰이나 다 가능합니다.

'나는 스마트폰을 최신으로 바꿀 여력이 안 된다.' 하는 분들은 차라리 사진 어플을 활용해보세요. 필름카메라 느낌이 나는 어플이나 필터를 입혀주는 어플도 좋아요. 카메라 어플에 관한 정보를 네이버나 유튜브에서 찾아본 뒤, 여러 개를 다운로드 받아 시험 삼아 사용해보고, 나에게 맞는 한두 가지만 남겨두세요. 어느 블로거만의 사진 색감을 찾아가는 것도 멀리 보면 중요한 일이랍니다.

사진을 찍었으면 포스팅을 하는 넓은 영역에 꽉 차게 사진을 배치해야 합니다. 단 한 장을 꽉 차게 넣기도 하고(가로 사진 추천), 두 장이나 세 장씩 콜라주해서 넣거나, 여러 장의 사진을 슬라이드 형식으로 넣어보기도 하고요. 다음 사진처럼 스마트 에디터 ONE에서는 여러 장의 사진(최대 10장)을 마우스로 끌어와서(드래그) 바로 원하는 레이아웃에 적용시킬 수 있습니다. 힘들게 '내 컴퓨터에서 불러오기'를 해서 사진을 첨부하지 마시고, 모니터에 블로그 하는 창을 절반으로 띄워놓고, 나머지 절반에는 '사진첩(혹은 외장하드)' 폴더를 띄워놓으세요. 그리고 원하는 사진을 수정(밝기 조절 등)한 뒤에 마우스로 끌어오세요. 훨씬 쉽고 빠른 작업이 됩니다.

이때 주의할 점 중 하나는 사진의 형태입니다. 블로그는 가로 사진에 최적화가 되어 있습니다. 반면 많이 활용하시는 인스타그램은 세로 사진이 최적화되어 있다 보니, 많은 분이 평소에 세로 사진만 많이 찍습니다. 더군다나 인스타 릴스 크기에 맞춘 16:9 사이즈 세로 사진을 블로그에 한 장씩 따로따로 배치하면 사진 한 장을 보려고 스크롤을 내려야 할 정도가 됩니다. 가독성이 떨어지겠죠. 그래서 블로그랑 인스타그램을 둘 다 활용하는 저 같은 인플루언서는 블로그용 가로 사진도 찍고, 인스타그램용 세로 사진도 찍습니다. 더 나아가 유튜브용 가로 영상도 찍고, 릴스용 세로 영상도 찍으니 할 일이 많아지긴 하죠.

해결책을 하나 제시해드릴게요. 블로그용 가로 사진은 단 몇 개만이라도 찍어두시고, 평소대로 세로 사진을 찍긴 찍되, 블로그에 업로드할 때는 세로 사진을 한 장씩만 배치하지 마세요. 세로 사진은 두 장이나 세 장씩 옆으로 붙여서 포스팅을 예쁘게 만들어 보세요. 그 중간중간 가로 사진을 배치하여 전체적인 안정감을 주도록 해보세요.

포스팅 디자인이라고 할 수 있는 이 부분을 대충하게 되면, 비슷한 사진을 의미 없이 나열하는 형태가 되어 블로그를 보는 재미가 없습니다. 게다가 최근에는 구글 이미지 검색처럼 '네이버 이미지 검색'으로 포스팅을 찾는 이용자가 늘어났습니다. 블로그 포스팅을 일일이 찾아보는 시간 낭비를 줄이고 퀄리티 좋은 사진이 있는 블로그를 찾아보겠다는 뜻이겠지요? 사진 한 장만 보고도 내 블로그 포스팅으로 유입이 있을 수 있다는 뜻이니까, 신경 써서 사진을 찍고, 또 예쁘게 배치하는 연습을 하기로 해요.

② 적절한 길이의 동영상 첨부

요즘에는 스마트폰 동영상도 4K, 8K 화질을 자랑합니다. 유튜브 영상을 제작하듯 부담 가질 필요가 없어요. 심지어 유튜브도 손쉽게 스마트폰 동영상으로 촬영해서 스마트폰 어플로 편집하곤 하잖아요. 내가 방문한 장소, 내가 구입한 물건, 요리 과정 등, 나의 일상 속 짧은 부분 부분을 영상에 담아 올리면 됩니다. 하늘이나 동네 공원의 장면을 담아도 좋고요.

내 블로그 방문자들이 동영상까지 클릭해서 본문을 정독하는 경우는 흔치 않습니다. 포스팅의 종류에 따라 동영상을 끝까지 본 조회수가 늘어나기도 하지만 (자세히 보고 싶은 숙소 후기 등을 예로 들 수 있겠죠), 어떤 동영상은 조회수가 10회 미만이 되기도 합니다. 그럼에도 불구하고 동영상을 올리면 좋은 이유는, 포스팅이 상위에 뜨기 좋은 요건을 갖추고 있기 때문이에요. 이러한 이유로 동영상이 없으면서도 사진을 붙여 만든 슬라이드식 영상을 올리거나, 포스팅 주제와 상관없는 영상을 올리는 사람들도 있어요. 하지만 진화하는 블로그 검색 로직은 이러한 동영상을 좋아할 리 없겠죠. 또한 방문자들이 그런 동영상을 한두 개 클릭했다가 실망하면 다시는 그 블로그를 재방문할 일도 없을 테고요.

일부 상위 최적화 블로그는 동영상이 없어도 노출에 문제가 없습니다. 저 역시 동영상이 없는 포스팅도 상위노출이 잘 되기도 합니다. 하지만 초보 블로거라면 이것저것 다 시도하는 노력이 필요하겠죠? 가로 사진도 찍고, 세로 사진도 찍고, 영상도 찍으려니 너무 힘들겠지만, 이런 습관이 차근차근 스며드는 분들은 블로거의 길에 들어선 거랍니다.

③ URL 링크 삽입

포스팅 본문을 써 내려가다가 관련 기사나 내 블로그 안에 있는 다른 포스팅의 링크를 참고로 넣고 싶을 때 활용합니다. 어떤 블로거들은, 방문자들이 링크를 클릭하여 해당 글도 읽기 때문에 내 블로그의 체류시간을 늘리기 위해 활용하기도 해요. 하지만 모든 방문자가 다 링크를 클릭하여 관련 문서나 관련 웹사이트를 확인하지는 않겠죠. 대신 작성 중인 포스팅과 정말로 연관 있는 포스팅을 링크하거나, 검색 이용자에게 도움이 되는 사이트를 링크해야 해요. 굳이 내 블로그 포스팅 앞뒤에 있는 글들을 엮은 글로 링크할 필요 없어요. 내 글이 좋다고 느낀 방문자들은 그렇게 링크를 하지 않아도 스스로 알아서 내 블로그의 게시판과 다른 글들을 둘러보게 되어 있어요.

또 한 가지 중요한 점은, 나누고 싶은 웹사이트나 연관 포스팅이 많다 하더라도 링크를 많이 걸면 좋지 않아요. 주객이 전도될 수는 없잖아요? 특히나 포스팅과 큰 관련이 없는 판매 사이트로의 연동은 어느 순간 저품질로 가는 주범이 될 수도 있고요. 적당한 위치에서, 적절하게 관련 있는 링크라면 상관없지만, 무분별한 링크 삽입은 좋지 않다는 거 잊지 마세요. (링크 관련 설명은 125페이지 그림을 참고하세요.)

링크를 거는 방법은 두 가지예요. 하나는 그냥 링크를 본문에 붙여넣기 하는 간단한 방법, 두 번째는 단어나 문장을 블록 잡아 그 안에 링크를 넣거나, 사진을 블록 잡아 그 안에 링크를 넣는 방법이죠. 오른쪽 사진을 참고해 볼까요?

① 내가 링크를 걸고자 하는 단어나 문장을 마우스로 미리 드래그하여 블록을 잡은 뒤,
② 클립모양 기호를 클릭하여, URL을 붙여넣기 하세요.
이 방법은 모바일 버전에서도 똑같이 적용 가능합니다.

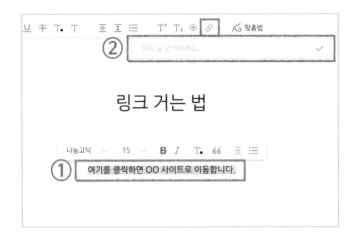

④ 인용구와 구분선 활용

스마트 에디터 ONE에는 인용구와 구분선 기능이 있어요.
(모바일 포스팅에서도 활용 가능합니다.) 인용구는 포스팅을 할
때, 제목이나 소제목 혹은 책 속 글귀나 명대사 등 강조하고
싶은 부분이 있을 때 활용하기 좋은 기능입니다.

구분선은 분리하고 싶은 내용 위아래로 깔끔하게 구분을
줄 수 있는 기능이고요. 사진과 글이 지루하게 반복되는 상
황에서 인용구와 구분선만 적절히 활용해도 보기 좋은 포스
팅을 만들 수 있어요. 저는 인용구와 구분선을 잘 활용하여
포스팅 가독성을 높이고 있으니, 활용법이 어려운 분들은 제
블로그에 오셔서 참고하세요.

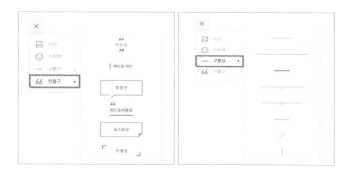

⑤ 템플릿 활용

인용구와 구분선을 적절히 활용하기 어려우신 분들은 블로그에서 기본적으로 제공하는 템플릿을 활용해보세요. 포스팅 페이지에서 오른쪽 상단에 있는 템플릿을 클릭하면 추천 템플릿과 부분 템플릿을 볼 수 있을 거예요. 여행, 육아, 순위, 레시피, 뷰티, 서평 등 내게 맞는 템플릿을 가져다가 내용만 내 것으로 채워주면 됩니다.

만약 템플릿이 마음에 들지 않거나, 나만의 템플릿을 만들어보

고 싶다면? 부분 템플릿이나 템플릿 속에 있는 그림만을 일부 가져오고, 내가 직접 인용구와 구분선을 활용하여 나만의 템플릿을 하나 만들어 두세요. '내 템플릿'으로 저장해 두고 (내 템플릿 클릭-현재글 추가), 내가 원하는 포스팅을 할 때마다 그 템플릿을 가져와서 사용하시면 시간 절약이 될 거예요. 저 역시 책 후기 포스팅을 위한 템플릿을 하나 만들어서 책 제목, 목차, 저자 소개, 책 속 글귀, 나의 감상평 등의 소제목과 인용구 등을 나열한 템플릿을 만들어 둔 뒤에 잘 활용하고 있답니다.

평소 모바일 포스팅을 많이 하는 분이라면, PC에서 템플릿을 불러와 '임시저장' 해두었다가, 스마트폰에서 그 '임시저장' 글을 불러와 포스팅을 이어가면 되겠죠?

⑥ 글자 색상과 크기

본문 포스팅을 하면서 강조하고 싶은 제목이나 문구 등은 드래그로 블록을 잡아서 색깔을 바꿔보세요. 특정 부분만 서체를 바꿔서 강조해도 좋고요. 블로그에서 제공하는 기본 서체 종류가 많아서 활용하는 재미가 쏠쏠해요. 단, 이 역시 과유불급. 두세 가지가 넘는 색상이나 서체는 오히려 포스팅의 전체 이미지를 복잡하게 만들 수도 있으니 유의하세요.

⑦ 움직이는 이미지, GIF

포스팅을 할 때마다 매번 활용하기엔 시간이 오래 걸리겠지만, 가끔은 활용하면 좋아요. 블로그에 활기를 더해주는 효과를 얻을 수 있답니다. 여행 포스팅이라면 실감 나는 느낌을 더해줄 수 있고, 뷰티 포스팅이라면 화장품의 감촉을 보여줄 수 있고, 요리 포스팅이라면 보글보글 찌개가 끓는 모습을 보여주는 등의 현장감을 더해줄 수도 있겠죠. 동영상과 달리, 클릭하지 않아도 움직임을 느낄 수 있다는 장점이 있어요.

움직이는 이미지 만드는 법 3가지

i. GIF 앱(app)으로 만들기

구글 플레이 스토어, 애플 앱스토어에 'GIF'라고 검색하세요. 저는 GIPHY를 추천합니다. 내가 원하는 gif 이미지 설명을 검색하여 다운로드 받기에도 편리하고, 내가 직접 찍은 짧은 영상을 움직이는 이미지로 만드는 과정에서 텍스트를 입히거나 스티커를 첨부할 수도 있습니다.

ii. 블로그 모바일 앱에서 초 간단하게 만들기

블로그를 할 작정이라면 '네이버' 앱이 아니라, '네이버 블로그' 앱을 다운받으셨겠죠? 아무리 '네이버' 기본 앱에서 포스팅 작성이 가능하다고 하더라도 한계가 있습니다. '네이버 블로그' 앱에서는 생각보다 많은 기능을 활용할 수 있어요. 포스팅을 하는 중간에 손쉽게 gif 이미지를 만드는 법을 다음 사진을 보며 따라해보세요.

'네이버 블로그' 모바일 앱을 열어 '글쓰기' 버튼을 눌러, 글작성 페이지를 열어보세요. 하단에 '사진 첨부'를 위한 카메라 모양 그림을 눌러보세요. 보통 여기서 다들 사진만을 첨부하시죠? 사진을 선택하기 전에 상단을 보세요. 오른쪽에 'GIF'라고 쓰여진 걸 찾아 눌러보세요. 그럼 다시 내 스마트폰 사진첩이 나타납니다. 이때, 상단 가운데 부분을 눌러서 내 사진첩 속 '비디오' 부분만 보이게 만들어보세요. 내가 찍어둔 비디오 영상 중에서 GIF로 만들고 싶은 영상을 클릭하세요. 영상을 선택하면 원하는 구간을 3초간 선택하고 다음

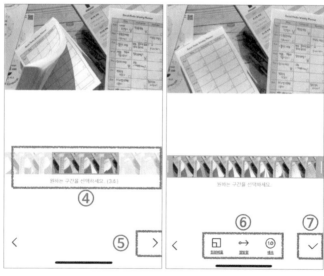

으로 가는 화살표를 누르세요. (처음부터 2~5초 내의 영상을 선택하기를 추천합니다.) 마지막으로 움직이는 속도 등을 조절하거나, 아니면 그냥 그대로 다음으로 넘어가기 위해 체크 표시를 누르세요. 자, 완성입니다. 움직이는 사진인 GIF가 올라갔어요. 아직 블로그 글을 작성 중일 때는 움직이는 사진이 움직이지 않고 있지만, '발행' 버튼을 눌러 포스팅을 등록하면 GIF가 잘 등록되었다는 걸 확인할 수 있을 거예요.

저는 동영상을 불러와서 GIF 만드는 법을 소개해드렸지만, 비슷한 사진을 여러 장 선택해서 움직이는 사진을 만들수도 있으니, 그때그때 나에게 필요한 GIF를 만들어보세요.

⑧ '글감' 기능 활용

PC에서는 포스팅 우측 상단에, 모바일에서는 하단에, '글감'이라는 것을 첨부하는 기능이 있습니다. 책, 영화, TV 방송, 쇼핑 등 다양한 글감을 검색하여 내 포스팅에 첨부할 수있는데요, 이것을 하는 이유는 뭘까요? 유입에 도움이 되기때문입니다. 예를 들어, 제가 A라는 영화 후기 포스팅을 했다고 가정해볼게요. 사람들이 영화 제목을 검색해서 뷰탭에서 찾은 제 포스팅을 클릭하는 경우도 있겠지만, 네이버 영화 정보를 바로 클릭하는 경우도 있겠죠. 글감을 첨부한 포스팅은 네이버 영화 정보 '리뷰' 리스트에 함께 나타납니다. 내 블로그로의 유입이 늘어나는 또 다른 방법이기도 하니까, 잊지 말고 꼭 활용해보세요.

노바일 버선   PC 버전

⑨ '지도(플레이스)' 기능 활용

여행지나 미술관, 맛집이나 카페 등 '어떤 장소'에 다녀온 후기를 남길 경우에는 마지막에 지도 첨부하기를 잊지 마세요. '글감' 기능 활용과 마찬가지로 장소(=네이버 플레이스)를 검색하는 이용자들이 여러분의 블로그를 클릭할 가능성이 높아집니다. 검색창을 통한 유입도 있지만, 네이버 지도를 통한 유입도 무시 못 한다는 점 기억하세요. 최근에는 사람들이 맛집 찾을 때, 무작정 블로그부터 찾아보지 않고 네이버 지도 창을 열어서 내 주변 맛집을 찾아보는 일이 늘어났거든요. 해당 맛집 리뷰 리스트에 내 포스팅도 노출되고 싶다면, 꼭 '지도(플레이스)' 첨부를 하셔야겠죠?

단, 하루에 여러 장소를 갔다고 해서 하나의 포스팅에 여러 개의 지도를 마구잡이로 넣는 건 당연히 좋지 않습니다. 그 지도에 해당하는 장소에 대한 리뷰는 제대로 쓰지도 않은 상태에서 무작정 지도만 첨부하는 건 블로그 지수를 떨어뜨리는 주된 원인이 될 수도 있어요. 포스팅 하나에 지도를 하나씩 첨부하는 걸 추천드려요.

⑩ 썸네일 만들기

썸네일은 포스팅의 대표 사진입니다. 모바일 버전에서는 피드에서 보이는 사진일 것이고, PC 버전에서는 '프롤로그'에서 보이는 사진이겠죠. 인스타그램 피드에서는 톤 앤 매너를 중시하지만, 블로그에서는 톤 앤 매너보다는 그 포스팅이 무엇인지 나타내는 한 장의 사진과 제목이 중요합니다. 내가 목표로 한 키워드로 1페이지 노출에 성공했다면, 다음은 클릭을 부르는 썸네일을 만들면 좋겠죠. 하지만 썸네일 자체는 상위노출에 직접적인 영향을 미치는 건 아니니까 우선시할 필요는 없어요. 블로그 키우기에 있어 가장 중요한 건 포스팅 그 자체라는 거 아시죠?

썸네일 표현하는 방법은 대표적으로 두 가지 방식이 있어요. 하나는 일정한 스타일로(예: 카드뉴스 형식) 모든 썸네일을 비슷하게 만드는 방법, 또 하나는 그때그때 스타일을 바꾸는 방법. 여러 인기 블로그를 클릭해보면서 어떤 스타일의 썸네일을 활용하는지 찾아보세요. 둘 중에 어느 방식이 더 좋을까요? 정답은 없습니다. 각자의 개성에 맡기는 거예요. 단, 눈에 띄면서도 깔끔하거나 예쁘거나 개성 있거나 하는 등의 특징도 함께 만들어 가면 좋아요! 답답한 썸네일로 인해 블로그 전체 이미지를 지루하게 만들지는 않으실 거죠?

썸네일은 포스팅의 대표 사진이라고 볼 수 있습니다. 사진 위에 제목을 덧붙이는 형식인데, 눈에 띄게 표현함으로써 클릭을 유도할 수 있습니다. 블로그 전체 이미지를 통일시켜주는 효과도 있고요. 썸네일은 컴퓨터 기본 사진 프로그램에서 만들어도 되고, 갤럭시 스마트폰의 경우에는 사진첩에서 직접 텍스트를 입힐 수도 있지만, 대부분은 앱이나 웹사이트에서 따로 작업하는 게 더 예쁜 결과물을 가져옵니다. 포토샵 등 전문성을 띤 프로그램을 잘 다룰 줄 안다면 더욱 좋겠지만, 썸네일을 쉽게 만들 수 있도록 도와줄 사이트도 있어요. 그중에서 몇 개를 소개해볼게요.

i. Canva (캔바)

캔바는 PC와 모바일 앱 두 가지 버전에서 모두 활용하기 좋은 프로그램입니다. 무료로 제공하는 사진과 디자인이 많이 있어요. 한글 글꼴이 많이 없다는 단점이 있지만, 1차 작업 후에 한글 글귀는 다른 사진 앱에서 후작업하는 방안도 있습니다. 여러 종류의 소셜미디어에 맞게 제작된 템플릿과 다양한 디자인을 활용해보세요.

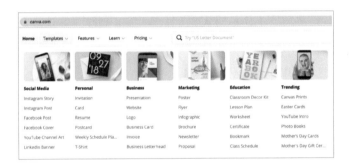

ii. Mango board (망고보드)

망고 보드 역시 다양한 템플릿에 맞는 디자인을 제공하고 있습니다. 한글 삽입이 쉽기 때문에 이용하기 쉽다는 장점이 있어요. 단, 무료 이용자에게 제공하는 혜택에는 한계가 있습니다. 블로그나 유튜브, 인스타그램까지 다양한 SNS를 사용한다면 유료 혜택을 누려보는 것도 좋을 거예요.

iii. miricanvas (미리캔버스)

미리캔버스도 마찬가지입니다. 캔바에 비해 한국어 버전의 템플릿이 많다는 장점이 있습니다. 무료버전에서 이용가능한 혜택보다 유료 이용자에게 제공하는 혜택이 훨씬 많기 때문에 고민해 볼 필요가 있습니다. 셋 중에서 나에게 잘 맞는 프로그램을 활용해보세요.

iv. 사진/기록 앱 활용하기

▶ 편집하기 쉬운 사진 앱

Line Camera (라인카메라)

Snapseed (스냅시드)

PS Express (어도비 포토샵)

Snow (스노우)

쓰샷 (ios)

글그램 (android)

▶ 필름카메라 느낌 앱

Dazz cam (ios)

필름화 (ios)

1998 Cam (android)

Disposable Camera

(android)

블로그를 시작하려고 하는데,
고프로나 카메라 같은 장비를 사야 할까요?

소유한 스마트폰이 비교적 최신형이라면 스마트폰 사진과 영상으로도 충분합니다. 최신형이 아니어도 블로그를 운영하는데는 큰 걸림돌이 되지 않습니다. 몇 년 전까지만 하더라도 무거운 카메라, 고프로, 짐벌, 드론 등을 다 가지고 여행을 다니던 저도 이제는 스마트폰만 주로 이용하는 편입니다. 인물 샷, 접사, 확대, 야간모드 심지어 영상을 찍을 때 손떨림 방지 기능까지 있어 대부분의 사진과 영상을 찍는 데 문제가 없습니다.

물론, DSLR 카메라나 미러리스 카메라가 제공할 수 있는 고급 기능들이 있지만, 전문 사진작가가 아니라면 처음부터 욕심낼 필요가 없습니다. 유튜브 시작할 때 비싼 장비들부터 준비할 필요 없다는 조언 들어보셨죠? 블로그도 마찬가지입니다. 일단 1일 1포스팅을 실천하고 블로그의 감을 익히면서 서서히 장비도 늘려가 보도록 하세요.

장비가 문제가 아닙니다. 사진을 찍는 자세와 각도, 빛과 조명을 이용하는 감각, 후보정에 들이는 시간과 노력으로도 충분히 멋진 블로그를 만들 수 있습니다.

블로그 포스팅을 멋지고도 빠르게
완성하는 팁이 있을까요?

완성도가 높은 포스팅을 빠르게 작성할 수 있는 팁은 없습니다. 누가 봐도 내용이 풍부하고, 사진도 멋진데, 콘텐츠 구성까지 좋은 포스팅은 블로거의 노력이 많이 들어가 있습니다. 포스팅 하나 작성하는 데 들어가는 시간은 생각보다 많습니다. 저역시 여행 포스팅 하나 하는 데 한두 시간을 훌쩍 소비합니다.

상위노출을 위한 키워드를 잡느라 키워드 사이트를 참고하고 네이버에 미리 검색을 해보기도 합니다. 제목을 정한 후에는 포스팅에 사용할 사진을 골라서 밝기 조정과 구성을 하고, 적당한 길이의 영상을 만들어 첨부합니다. 정확한 정보가 들어간 내용을 조사한 뒤, 저의 느낌을 더해 글을 완성합니다. 여기까지만 읽고도 정성이 들어간다는 게 느껴지시죠?

그렇다고 아예 방법이 없는 건 아니랍니다. '3. 포스팅 본문에 활용하면 좋은 기능들'에서 소개한 '⑤ 템플릿 활용'이 도움이 될 수 있어요. 내가 자주 하는 주제의 포스팅이 비슷한 형태를 취하고 있다면 내 스타일의 기본 템플릿을 미리 만들어 둘 수 있으니까요. 여행, 요리, 책 후기, 영화 리뷰 등, 포스팅을 할 때마다 각 주제에 맞는 템플릿을 불러와서 내용만 바꿔 넣어 주세요. 사진 보정에 많은 시간이 걸린다면 처음부터 사진을 '잘' 찍어서 보정이 많이 필요 없도록 해보세요. 사진을 하나하나 보정하는 게 힘들다면 '라이트룸(Lightroom)' 프로그램에서 여러 장의 사진을 한꺼번에 밝기 조절하는 기능을 사용해보세요.

글을 쓰는 데 할 말이 없다면, 업로드한 사진을 상세 묘사하는 것부터 시작해보세요. 사진속에 있는 메뉴나 안내판에 있는 글씨를 한번 더 타이핑 하세요.

글을 완성하기까지 시간이 오래 걸린다면 '임시저장' 기능을 활용해보세요. 임시저장했던 포스팅을 다시 블로그 앱으로 열어서 틈틈이 포스팅을 작성해보세요. 특히 대중교통을 이용해서 이동할 때 좋은 방법입니다. 아이디어가 떠오를 때마다 짧게 '임시저장'을 해두었다가 시간 여유가 있을 때 나머지를 완성하는 것도 좋습니다. 저도 대중교통을 탈 때, 미용실에서 머리할 때, 집에서 쉬느라 킬링타임용 방송을 볼 때는 블로그 앱을 열어 포스팅을 작성하거나 이웃과 소통을 합니다.

인스타그램 피드나 유튜브를 보면서 콘텐츠를 소비하기보다는 내 콘텐츠를 창출하는 데 집중해보세요. 한 번, 두 번 포스팅을 완성하면 할수록 노하우가 축적될 거예요. 어떤 키워드로 어떤 포스팅을 할지 구상도 쉬워질 거고요. 그렇게 점점 블로거의 눈을 가지게 될 거예요. 블로그 체질이 무언지도 체감하게 될 거고요.

여러 가지 팁을 얻었으니 이제 나만의 노하우를 터득할 차례입니다. 키워드가 들어간 1일 1포스팅 연습을 통해 블로그 장인이 되어보세요. 장기간으로 보고 블로그를 통해 이루고 싶은 목표를 확실히 정해보세요. 블로그로 브랜딩과 수익화, 누구나 할 수 있습니다.

4 나만의 브랜딩이 스며들게 하는 3가지 방법

① 오랜 기간, 꾸준히

하루아침에 갑자기 방문자 수가 급등하는 블로그를 만드는 법은 없습니다. 오랜 기간 꾸준하게 운영한 블로그가 인정받는 건 당연한 논리가 아닐까요? '2015년 이전에 만들어진 블로그가 상위노출이 잘된다.'는 소문도 있습니다. 이 역시 그만큼 오랜 시간 동안 운영을 해 온 블로그일 경우에 해당하는 말이지, 블로그만 만들어놓고 운영하지 않은 경우에는 해당하지 않아요.

블로그 공식 입장은 '블로그가 만들어진 시기와 검색어 상위노출과는 상관없다.'입니다. 동시에, 장기간 관리하지 않은 블로그는 전문성과 활동성이 낮아져 C-Rank 지수가 떨어질 수 있다고 밝혔습니다. 그러니까 블로그를 시작했다면 아무리 힘들어도 최소 주 1-2회는 기록을 이어나가는 게 좋아요. 꾸준히 한 달 동안 하루도 빠짐없이 '키워드' 있는 포스팅과 동시에 '효자 포스팅'도 간간이 한다면 하루에 1,000명의 방문자 수를 만들 수도 있습니다. 그것이 바로 이 책을 쓰게 된 목적이기도 하지요.

② 같은 주제로, 꾸준히

처음에 블로그를 만들 때, '기본 설정–블로그 정보'에서 '내 블로그 주제'를 선택할 수 있습니다. 내가 설정해 둔 주제에 관한 포스팅을 꾸준히 해야 좋아요. 네이버는 그런 블로그를 한 주제에 맞는 전문성을 가지고 있는 블로그라고 인식합니다.

저 같은 경우에 블로그의 주제는 '세계여행'으로 설정해두었습니다. 제가 만약 매일 매일 '세계여행'을 주제로 포스팅을 한다면, 누가 봐도 '이 블로그는 세계여행을 전문으로 하고 있구나.' 생각하기 때문에, 여행 관련 협업 제안이나 여행 관련 강의가 잘 들어올 수도 있다는 장점이 있어요. 여행 작가의 블로그라는 걸 내세우기에도 좋고, 여행 관련 구독자도 많이 늘어나겠죠. 무엇보다 세계여행 포스팅 키워드는 대부분 상위를 잡을 수 있을 거예요.

그런데 블로그 체질인 사람들, 리뷰를 즐겨하는 사람들에게는 한 가지 주제만 유지하여 블로그를 관리하는 게 생각보다 쉬운 일이 아니라서 지키기가 힘든 편이에요. 블로거라면 한 주제에 한정하여 블로그 하기보다는 다양한 주제로 포스팅하기를 원하는 경우가 많으니까요. 저 역시 뼛속부터 블로거인지라, 세계여행 포스팅할 거리가 수없이 많은데도 불구하고 국내여행 포스팅도 하고 싶고, 관심 있는 I.T. 관련 리뷰도 하고 싶고, 좋아하는 영화 영어 명대사나 슬랭 영어 표현과 책 서평도 하고 싶어서 여러 가지 주제의 포스팅을 하고 있거든요.

그런데 초보분들에게는 이렇게 하는 걸 절대 추천드리지는 않아요. 이렇게 다양한 주제를 다루는 것보다는 큰 주제는 2~3가지 정도로 좁혀 주기적으로 꼭 다루고, 이하 작은 주제는 가끔 다루는 게 가장 이상적이에요. 주 3~4회 이상은 꼭 주력 주제의 포스팅을 꾸준히 하면서, 사이사이에 다른 주제의 포스팅도 하는 거죠. 만약 체험단 포스팅도 하고 싶다면? 당연히 해도 되지만, 내 블로그 주제의 포스팅에 비중을 더 두는 게 좋아요. 특히 블로그를 만든 지 얼마 되지 않은 시기에는 광고성 포스팅 숫자보다는 내 블로그의 정체성을 알릴 수 있는 포스팅을 우선 차곡차곡 쌓아가는 게 좋습니다.

③ 소통하는 느낌으로 '나' 드러내기

'Part Ⅰ. 블로그를 시작하기 위한 준비와 기획'에서 언급했듯이 지금 이 책을 읽고 있는 여러분들이라면 적어도 나만의 일기장 블로그보다는 정보를 공유하고, 셀프브랜딩 확장을 위한 블로그를 키우고 싶은 마음이 클 거라 생각합니다. 후자는 다시 두 가지로 나눌 수 있습니다. 오로지 상승하는 방문자 수만을 위한 블로그로 키워 수익화에 주로 초점을 맞출 것이냐, 방문자 수와 비례하여 퍼스널 브랜딩까지 할 것이냐 하는 문제죠. 제품 정보나 체험단 광고만 나열한 블로그는 매달 안정된 수입은 있을지언정 대중의 진정한 관심을 얻지는 못합니다. 대중의 관심과 소통이 적절하게 이루어질 때 진정한 인연이 만들어집니다. 그러려면 블로그 주인인 나를 조금이라도 드러내야 하고, 그러한 과정에서 '나'라는 브랜드와 상대방 브랜드를 교류할 수 있습니다.

그렇다면 나를 얼마나 드러내야 하는 걸까요?
혹시 나를 드러내는 게 부담스러우신가요?
내 이야기를 어떻게 녹여내야 적절할까요?

공식적인 정답은 없다는 거 여러분도 다 아실 거예요. 내가 만든 블로그는 내 공간이니까 내 마음대로 포스팅을 하는 건 당연하지요. 동시에 공개적인 블로그에 글을 쓰기 시작했다는 건 누군가 봐주길 원했기 때문입니다. 나도 모르는 내 마음이 공존하기 시작했을 거예요. 일단 블로그에 공개적인 글을 쓰기 시작했다면, 이 책을 펼쳐 들었다면, 적당한 선에서 방문자와 소통하고, 관심을 얻고, 방문자 수를 늘리며 인플루언서 역할을 하고 싶다는 생각까지 들었을지도 모릅니다.

장기간으로 목표를 잡은 뒤에 일정 기간 꾸준히 포스팅을 함으로써 나의 존재를 알려볼까요. 다른 블로거나 방문자와 함께 소통을 시작해보고요. 블로그 주인인 '나'라는 사람이 어떤 사람인지 드러내보기로 해요. 무엇보다 본인이 정한 공개 범위 및 도덕성을 지키는 기준도 벗어나지 않아야겠죠. 내향인이라면 더욱이 드러내는 걸 힘들어합니다. 누가 와서 읽어주지 않을까 봐 글을 올리기도 전에 걱정합니다. 처음에는 당연히 아무도 오지 않을 수도 있습니다. 그럴 땐 내가 먼저 다른 블로그에 방문해서 댓글을 남기거나 서로이웃을 신청할 수 있습니다. 이마저도 어렵다면, 키워드를 포함한 포스팅을 차근차근 쌓아가며 지루한 시간을 견디세요. 내가 생각지도 못했던 검색어 유입을 통해 방문자 수가 하나, 둘 늘어나게 됩니다. 신기하다는 생각이 들면서 재미까지 더해질 거예요. 그렇게 감을 잡기 시작할 때쯤 이웃을 점점 더 늘리고, Erin쌤 블로그에 와서 서로이웃 신청도 하면서, Erin쌤과 매일 블로그 프로젝트에도 참여해보세요.

마음 가는 만큼 활동 기준을 정해도 좋겠지만, 여러분이 좋아하는 인플루언서(블로거, 인스타그래머, 유튜버 등)의 활동을 관찰하며 힌트를 얻는 것도 좋은 방법입니다. 다른 사람들은 어떻게 하는지 시야를 넓히는 건 굉장히 중요한 활동입니다.

제가 블로그를 운영하며, 구독자와 소통하는 범위는 이렇습니다. 제가 하고 있는 일이나 관심사가 드러나는 일상 글을 꾸준히 적는 일입니다.

일에 관한 기록을 예를 들면, 강의 후기 나누며 강의를 들었던 수강생분들하고도 인연을 이어가기, (이로 인해 다음 강의 제안이 들어올 수 있다는 걸 염두에 둔다면 여러분이 하는 일을 꼭 기록해야 한다는 걸 깨닫게 될 거예요.) 책 출간 과정이나 책 출간 후의 이야기를 남기기, 북토크 후기 및 독자와의 만남에 대한 이야기를 연재하기, 스마트스토어 오픈에 관한 경험을 나누기, 오픈 방법을 자세하게 설명하기, 제품을 제작하거나 배송하는 과정을 나누며 소통하는 일 등은 '일'과 관련된 포스팅이지만 결국 도움을 받을만한 사람들을 구독자로 이끌어낼 수 있는 소중한 기록이 됩니다.

다음으로 일상에 관한 글감을 예로 들자면, 산책코스나 쇼핑리스트 공개하기, 사랑에 관한 이야기 혹은, 우울했던 경험, 기분이 나빴거나 실패했던 경험도 나눠보기, 책을 읽다가 공감했던 문장을 발췌하여 나눠보기, 지인과의 모임이나 동호회 모임 후에 인사이트를 받은 후기 등을 나누는 것입니다. 이러한 일상 속 글감은 블로그 주인인 '나'만이 경험했던 일이 됩니다. 기획하고 수정하고 꾸밀 수 있는 내용이 아니라는 거예요. 진심이 담긴 마음을 나누는 거죠. 블로그가 내 친구가 될 수 있는 거예요. 나와 비슷한 경험을 했던 블로거들과 소통이 시작됩니다. 왜 진짜 친구를 두고, 가상세계에 친구를 두냐고요? 여러분도 블로그를 단 몇 년만 운영하며 소통을 시작해보세요. 현실 세계 친구들이 소중한 만큼 온라인 친구도 소중하다는 걸 십분 느낄 수 있을 거예요.

내 블로그 주력 주제 C-rank를 쌓기 위한 팁

엔터테인먼트·예술	생활·노하우·쇼핑	취미·여가·여행	지식·동향
☐ 문학·책	☐ 일상·생각	☐ 게임	☐ IT·컴퓨터
☐ 영화	☐ 육아·결혼	☐ 스포츠	☐ 사회·정치
☐ 미술·디자인	☐ 애완·반려동물	☐ 사진	☐ 건강·의학
☐ 공연·전시	☐ 좋은글·이미지	☐ 자동차	☐ 비즈니스·경제
☐ 음악	☐ 패션·미용	☐ 취미	☐ 어학·외국어
☐ 드라마	☐ 인테리어·DIY	☐ 국내여행	☐ 교육·학문
☐ 스타·연예인	☐ 요리·레시피	☐ 세계여행	
☐ 만화·애니	☐ 상품리뷰	☐ 맛집	
☐ 방송	☐ 원예·재배		

　위와 같이 블로그에는 공식적으로 31개의 주제가 만들어져 있습니다. 이 중에서 내 블로그 주력 주제를 정하게 됩니다. 더 나아가 해당 주제로 인플루언서에 도전해볼 수도 있겠죠. 내가 좋아하는 걸 선택하는 것도 좋지만, 내가 잘 할 수 있는 걸 선택하는 것도 중요합니다. 내가 아무리 여행을 좋아해도, 여행을 잘 다닐 수 없는 입장이라면 선택하지 말아야 합니다. 만들어낼 콘텐츠가 부족하기 때문이겠죠. 이러한 상황을 잘 고려하여 선택해보세요.

내 블로그 전체 주제를 정했다고 해서 포스팅을 할 때마다 꼭 그 주제만 선택해야 하는 건 아니라고 말씀드렸죠? 저 역시 '세계여행' C-rank 지수를 높여놨지만 동시에 '국내여행' 분야, '문학·책' 분야, '일상·생각' 분야 등 서너 가지 주제에 C-rank 지수를 높여놓았습니다. 해당 주제의 포스팅은 오랜 기간 꾸준히 해왔기 때문이에요. 그런데 내가 여행 포스팅을 열심히 했다고 해서 네이버가 저절로 알아주지 않습니다. 내가 블로그에서 포스팅할 때, 스스로 해당 주제를 포스팅했다고 알려야 합니다. 무슨 말이냐고요? 다음 사진을 보며 함께 이해해볼까요?

사진 속 ①번에 표시한 '주제'가 바로 네이버에서 정한 31가지 주제 중 하나입니다. 포스팅을 할 때마다 그 부분을 클릭해서 어떤 주제 포스팅을 했는지 기록해나가야 합니다. ①번 바로 위에 있는 '카테고리' 부분은 내 블로그의 내 게시판일 뿐입니다. 내 게시판 이름을 '여행 후기'라고 만들었다고 해서 저절로 '주제'가 '여행'으로 분류되지 않습니다. 초보 블로거들이 이 부분을 많이 간과합니다. 직접 포스팅 주제를 꼭 설정해야 하고, 하나의 블로그에서 너무 많은 주제가 나오면 좋지 않습니다. 너무 많은 주제의 지수를 올리려면 꽤 많은 시간과 노력이 들 테니까요. 내 블로그 주제의 C-rank 지수를 높이려면 꾸준히 해당 주제의 포스팅을 해야 한다는 것, 잊지 않으셨죠?

혹시 포스팅을 할 때마다 일일이 '주제'를 선택하는 게 번거롭거나 자주 잊어서 불편했나요? 그렇다면 위의 사진처럼 내 게시판(카테고리)마다 해당 주제를 설정해둘 수 있어요. '관리-메뉴·글·동영상 관리-블로그'에서 내 블로그 카테고리 만들어 두셨죠? 각 게시판마다 '주제분류'를 원하는 주제로 한 번 설정해두면, 앞으로 글 쓸 때마다 주제 설정을 하느라 시간을 들일 필요는 없을 거예요.

각 게시판마다 다 다른 주제를 설정하지 말라고 한 거 기억나시죠? 내가 주력으로 하는 주제 1개, 그 외에 사이드로 관심 있는 주제 2~3개만 다루어 각 주제별로 차곡차곡 지수를 쌓아가기로 해요.

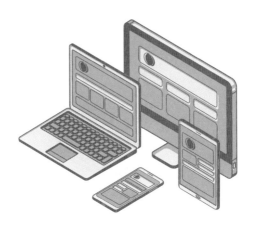

상위노출을 위한
키워드 잡기 #2

(검색어 유입 잡기)

본격적으로 제목 만들기 연습을 해보려고 합니다. 'Ⅰ. 상위노출을 위한 키워드 잡기 #1'에서 제목에 쓰면 좋지 않은 예시를 몇 가지 보여드렸는데요, 이번에는 좋은 제목 예시를 함께 만들어볼게요. 블로그에 활용 가능한 키워드의 범위는 매우 넓기 때문에 책에서 보여드릴 수 있는 예시는 한정적일 수 있어요. 이 책을 읽고 있는 본인이 운영할 블로그에서 활용할 카테고리가 없다고 실망하지는 마세요. 카테고리는 달라도 기본 줄기는 비슷하니까요. 또한 앞에 소개한 '인기 키워드를 알려주는 도구'편에서 알려드렸던 키워드 찾기 도우미 프로그램을 활용해서 얼마든지 내 블로그 주제와 관련된 좋은 키워드를 찾을 수 있습니다.

'저는 매일 포스팅도 열심히 하고, 이웃 소통도 잘하는데 방문자 수가 늘지 않아요!'라며 이 책을 펼쳐 들었다면, 정말 키워드가 있는 포스팅, 그 안에 해당 키워드를 설명하는 내용이 풍부한 포스팅을 잘했는지 다시 한 번 내 블로그를 둘러보세요. 자, 이제부터라도 이 책을 읽고 있는 여러분들은 키워드 만들기와 포스팅을 잘하는 연습을 하게 될 거예요. 연습과 노력을 통해 금세 잘 해낼 거라고 믿고 시작하기로 해요!

1 주력 포스팅 키워드 잘 만들기

자주 반복해도 부족하지 않은 말, '내 블로그의 정체성 잃지 않기'를 다시 한 번 강조하고 넘어갈게요. '내 블로그의 주제'는 무엇으로 할지 정하셨나요? 국내여행, 세계여행, 인테리어, 요리, 영화, 공연, 게임, 패션, 육아, 스포츠, 사진, 취미 등 30개가 넘는 주제 중에서 하나의 주제를 선택해야 하는 시간이 옵니다. 아직 어떤 주제로 해야 할지 몰라서 고민하는 분이 있다면? 너무 걱정하지 마세요. 블로그 초기에는 '주제 선택 보류'로 해두었다가 나중에 바꿀 수 있거든요. 한 번 정한 주제로 운영하다가 변경할 수도 있고요. 내가 주력으로 할 수 있는 주제가 명확하다면 한 가지 주제를 큰 기둥으로 세우고 쭉 가는 게 가장 좋기 때문에, 주제 선택은 빠르면 빠를수록 좋습니다.

주제를 정했다면 내 블로그 주제와 맞는 포스팅 글감을 모아야겠죠. 예를 들어 저 같은 경우에는 '여행'을 주제로 하니까, 해외여행을 다녀온 뒤 할 수 있는 숙소 후기, 유명한 관광지 후기를 시리즈로 할 수 있을 거고요. 국내에서도 시즌별로 어울리는 글감을 찾아볼 수 있을 거예요. 월별로 예쁜

게 꽃이 피는 군락지를 찾아 여행을 다녀오는 것도 좋고, 특별히 뷰가 좋아 유명해진 숙소를 일부러 다녀올 수도 있습니다. 여행블로거들은 이를 취재라고 부르기도 합니다. 내가 만약 '요리' 블로그를 운영한다면, 나만의 노하우가 들어간 요리를 하는 것도 좋지만, 사람들이 많이 찾을만한 요리 포스팅을 하는 게 더 좋습니다. 영화나 TV 프로그램에서 나온 요리법을 소개하는 것도 방법입니다. 내가 '육아' 블로그를 운영한다면, 뭉뚱그려 육아포스팅을 하는 것보다는 0세 여/남아 하는 식으로 구체적인 제목을 만들어주는 게 도움이 됩니다. 그렇게 그 분야의 지수를 쌓으면 나중에는 '여/남아 어린이날 선물' 같은 큰 키워드의 포스팅도 상위를 잡을 만큼 성장하게 될 거예요.

키워드 찾기 웹사이트의 도움을 받아 제목 정하기 연습을 해볼게요. 그렇게 한 번 작업을 거친 제목을 다시 한 번 네이버에 검색해보는 작업도 거쳐야 합니다. 제목은 정하기 전에 예상 제목을 검색해보는 과정이 꼭 필요합니다. 내가 하려고 한 포스팅을 사람들에게 많이 노출할 수 있도록 키워드를 무엇으로 정할지 고민하는 시간이 가장 중요합니다.

 세부 키워드 활용하기

대표 키워드는 누구나 검색할 만한 키워드입니다. 말 그대로 많은 사람들이 한 번쯤 검색해봤을 만한 심플한 단어나 문구입니다. 예를 들어 'OO여행', 'OO맛집', '2022 월드컵' 같은 포괄적 의미가 큰 키워드라고 할 수 있어요. 내가 초보 블로거라면, 이미 활발한 활동을 하고 있는 상위 블로그나 마케팅 업체와의 경쟁에서 살아남을 수 있는 확률이 희박합니다. 상위노출은커녕, 1페이지 노출이 안 될 가능성이 높습니다. 네이버는 꾸준히 양질의 포스팅을 발행해온 최적화 블로그를 우선하기 때문이지요.

그러니까 대표 키워드의 사용은 점차 늘려가기로 하고, 처음에는 세부 키워드에 집중하는 것이 좋습니다. 마케팅을 담당하는 업체들은 블로그 세계를 직접 체험하지 않은 경우가 대부분이라 무조건 대표 키워드를 공략하려고 하는 경향도 있습니다. 그러나 세부 키워드의 유입도 무시할 수 없을 만큼 많은 데다 롱테일 키워드로 자리 잡아서 오랜 기간 동안 상위노출을 기대할 수도 있습니다. 새로 도입한 에어서치 알고리즘을 기준으로 봤을 때는 앞으로도 꼭 대표키워드까지 다 잡으려고 애를 쓸 필요는 없을 것 같아요.

게다가 새로 도입된 '에어서치' 알고리즘(P103) 기억나시죠? 검색 이용자의 취향을 고려한 검색 결과를 블록으로 잡아 노출시키는 로직이라 꼭 뷰(view)탭 상위를 잡지 못해도 세부 키워드에 해당하는 포스팅 모음에 내 포스팅도 포함될 수 있다는 사실. 세부 키워드부터 하나하나 공략해가며 데이터를 축적하고, 나중에는 대표 키워드까지 섭렵하는 블로그가 되도록 꾸준히 함께 하기로 해요.

대표 키워드 > 세부 키워드 예시

- 책 OO후기 > 인문학 책리뷰, OO작가의 OO
- 국내여행지 > 1월 국내여행지 > 1월 국내 1박2일
- 서울근교 나들이 > 비오는 날 서울근교 드라이브 코스
- 캠핑 요리 > 간단 캠핑 요리 > 캠핑 꼬치구이
- 자취 요리 > 자취생 간단 요리 > 간장 계란 버터밥
- 삼성 노트북 > 삼성 노트북 플렉스북(모델넘버) 개봉기
- 컴퓨터 웹캠 > 온라인 강의용 웹캠 / 뽀샤시 웹캠 OO 후기
- 전기 자동차 > 테슬라 전기차 > 전기차 충전요금 / 전기차 충전소
- 틴트 추천 > 쿨톤 틴트 > 틴트 유통기한 알아보기

대표 키워드 〉 세부 키워드 찾기

검색창에 여러 번 검색하여 세부 키워드를 잡아 보세요.

✓ 영화 추천 〉　　　　　〉

✓ 전시 관람 〉　　　　　〉

✓ 명언 모음 〉　　　　　〉

✓ 실내화 〉　　　　　〉

✓ 서울 카페 〉　　　　　〉

3 주기적으로 효자 포스팅하기

블로그 운영에서 효자 포스팅은 꼭 필요합니다. 효자 포스팅이 대체 무얼 말하는 걸까요? 잠깐 먼저 예상해보시겠어요? 네, 맞습니다. 내 블로그 조회수를 결정짓는 TOP 포스팅 몇 개(이건 전체 방문자 수에 비례하여 서너 개일 수도 있고, 열 개, 스무 개일 수도 있습니다.)를 뜻합니다.

하루 방문자 수를 결정지을 한 방을 노리는 건데요, 다시 말하면 이는 '내가 선호하지 않는 포스팅 = 내 관심분야가 아닌 포스팅'이 되기도 합니다. 내가 선호하지 않고, 심지어 포스팅을 하는 게 매우 귀찮거나 어려움에도 불구하고 주기적으로 효자 포스팅을 함으로써, 일정 부분 조회수를 확보해두는 건 꼭 필요한 일이에요.

그렇다면 효자 포스팅의 주제는 무엇으로 잡으면 좋을까요?

'Part Ⅱ 블로그 포스팅의 6가지 비밀'에서 소개한 '인기 키워드를 알려주는 도구'를 활용하면 좋습니다. 인기 키워드 중에서 내가 도저히 못 하겠는 분야의 포스팅은 제외하고, 관심도 있고 포용 가능한 범위 내에서 할 수 있는 포스팅으로 시작해보세요.

그것도 어렵다면 여러분의 감을 믿어 보세요. 지금은 사라지고 없는 검색어 순위 기능을 상상해보세요. 사람들이 많이 검색할 것 같은 키워드를 고민해보세요.

저는 블로그를 처음으로 시작했을 때, 쇼핑과 영어 표현을 이용해서 조회수를 늘렸습니다. 블로그를 먼저 시작했던 친구가 코스트코 쇼핑 후기를 올렸더니 방문자 수가 늘어났다는 힌트를 주길래, 바로 시도해보았죠. 마침 시기가 12월 초여서 코스트코에 방문했더니 크리스마스 관련 간식들이 엄청났어요. 'O월 코스트코 쇼핑 목록', 'O월 토익 후기', 'OO를 영어로', '슬랭영어 OO뜻' 같은 키워드를 활용했죠. 그땐 저도 블로그 초보였기 때문에 포스팅 하나로 하루에 100-500명만 들어오면 그걸로 만족했어요. 즉, 제가 방금 언급한 예시는 무조건 빵 터지는 효자 포스팅은 아닐 수도 있지만, 블로그 초보에게는 힘을 줄 수 있을 만한 영향력을 미치는 키워드였어요.

요즘엔 어떨까요? 제 블로그 포스팅의 주력 주제는 세계여행이지만, 제 블로그 조회수를 살려주는 포스팅은 여행 분야가 아닙니다. 여행블로그가 매우 많기 때문에 상위에서 금방 뒤로 밀리기도 하고, 여행 분야 자체가 생각보다 그리 인기 있는 분야가 아니기 때문이에요. 여행 포스팅만으로 상위를 잡고 있는 블로그들은 포스팅을 하루에 한 개만 하지 않고, 1일 2~3포스팅을 합니다. 인플루언서 제도가 생긴 이후로, 키워드 챌린지를 하기 위해서는 콘텐츠(포스팅)가 많아야 유리하기 때문이기도 하고요. 저는 하루에 여러 개의 포스팅을 소화하지는 못하기 때문에 '여행 주제'로는 일 방문자 수를 만족시키기 어려워요. 그럼에도 제가 좋아하는 주제의 포스팅은 꾸준히 하는 게 좋겠죠. 동시에 방문자 수를 늘리는 데 도움이 될 만한 키워드를 활용한 포스팅을 합니다.

제가 주로 활용하는 효자 포스팅 분야는 I.T. 제품 리뷰와 영어입니다. 같은 영어라도 인기 있는 아이돌 노래 가사 속 영어 표현을 포스팅하거나, 인기 많은 영화 속 영어 표현을 포스팅하기도 합니다. I.T.제품은 유행과 상관없이, 신제품이 아니더라도, 대부분 검색율이 높습니다. 하지만 제품 리뷰를 자주 하기란 쉬운 일이 아니죠. 'OO하는 법' 같은 방법을 알려주는 정보성 포스팅이 꽤 인기가 좋습니다. '릴스하는 법', '갤럭시 화면 캡처하는 법', '아이폰 화면 녹화하는 법', '사업자 등록하는 법', '운전면허증 재발급받는 법' 등 우리가 일상생활에서 어떻게 하는지 몰라서 검색했던 수많은 '방법'들을 떠올려보세요. 이뿐 아니라, 새로 시작하는 방송 프로그램의 인기도에 따라 그 안에서 포스팅할 거리를 찾아볼 수도 있습니다. 효자 포스팅은 꽤 다양하고 무궁무진합니다.

여러분이 각자 나만의 효자 포스팅을 발굴하셔야 해요.

'내 주력이 아니라서 조금은 하기 싫지만, 그래도 조회수가 나올 것 같으니까 해볼까? 키워드 검색 도구에서 검색해보니까 인기가 많은 주제이니까 해보자!' 하는 마음으로 가끔은 포스팅에 공을 들여야 해요.

그렇게 초보를 벗어난 뒤에는요? 포스팅 하나로 하루에도 1,000명 이상 들어오는 포스팅을 노려야죠. 하루에 조회수 300짜리 포스팅이 세 개 있다면? 하루 방문자 수는 900+α가 되겠죠.

초보일 때는 단단한 블로그를 키워간다는 생각으로 꾸준히 하세요. 효자 포스팅이 하나도 없다고 하더라도 조급해하지 마세요. 하루에 조회수 겨우 10회짜리 포스팅이 10개면 하루 조회수가 100이 됩니다. 하루에 조회수 20회짜리 포스팅으로 50일을 매일 포스팅 하면 1일 방문자 수 1,000명이 될 거예요. 글감과 키워드를 잘 찾아서 양질의 포스팅을 하면 1년, 2년이 지나도 해당 포스팅으로의 유입이 분명히 있습니다. 만약 인기 있는 계절성 키워드를 발굴했다면, 매년 해당 계절에 새롭게 또 포스팅을 하셔도 좋습니다. 단 내용은 조금씩 변경을 하셔야겠죠.

다시 계산해볼까요? 빠른 방문자 수 향상을 위해서 하루에 2~3개 정도의 포스팅을 올리면 한 달 만에 1일 1,000명의 방문자 수를 획득할 수 있게 됩니다. 물론, 키워드 있는 포스팅을 한다는 가정하에, 주 1-2회는 효자 포스팅을 한다는 가정하에 말이죠.

이 책을 읽고 책에서 말한 대로 '실천'하여 블로그를 운영하고 계신 분이라면 포스팅 하나의 조회수가 10 이하로 나올 리가 없어요. 책만 읽고 실천을 안 하거나, 책을 읽고도 여전히 나만의 방식대로 운영하고 있는 블로그는 아직 조회수를 늘릴 준비가 안 된 경우입니다. 귀찮음을 이기고, 책상 앞에 앉아서 혹은, 지하철에서 이동하면서, 블로그 앱을 켜고 '실천'을 해보세요. 한 달 만에 1일 방문자 수 1,000명 이상 거뜬히 해낼 수 있습니다.

효자포스팅 글감 수집

✓ 시즌겨냥 : 새해 인사말 , 스승의날 카드 ,
　　　　　　　벚꽃명소 , 크리스마스 캐롤 등...

✓ 정보성 : 스마트스토어 사업자등록하는법 ,
　　　　　　인스타그램 계정 삭제하는법 ,
　　　　　　여권 갱신하는 법 등...

✓ 정확한 제품리뷰 : 모델넘버 포함한 IT 기기 ,
　　　　　　　　　　가전제품 , 가구 등 ...

✓ 인기검색어 : 방송 출연 인기 맛집 / 카페 ,
　　　　　　　예약하기 어려운 감성 숙소 ,
　　　　　　　인기 등산 명소 등 ...

위 1,2,3번에 해당하는 포스팅으로 내 블로그가 점점 성장하고 있다는 느낌이 드셨나요? 이제는 곧 닥칠 정체기에 대비할 시기입니다. 상위노출 잡고 있던 포스팅도 시간이 지남에 따라 점점 뒤로 밀릴 거예요. 수많은 블로거 사이에서 키워드는 경쟁하고 있으니, 자연스러운 현상이죠. 그래서 1일 1포스팅이 중요한 거예요. 비록 한 달 전에는 잘 나가던 포스팅 A의 조회수 효력이 사라졌어도, 어제 새로 한 포스팅 B의 조회수와 오늘 새로 한 포스팅 C의 조회수가 생겨났으니까요. 매일 조금씩 누적 조회수를 늘려 나가려면 1일 1포스팅을 해야 하는 이유를 정확히 아시겠죠? 포스팅 A의 효력이 완전히 없어지는 것도 아니랍니다. 내 블로그 역사의 일부를 담당하고 있기도 하고, 어떠한 연유로 인해 갑자기 특정 키워드가 집중을 받기도 하거든요. 예를 들어 3년 전에 해 두었던 포스팅과 관련된 주제가 뉴스에 나오거나 영화화되거나 하면서 다시 주목을 받는 경우도 생기곤 해요.

1일 1포스팅의 위력은 활발하게 활동하고 있는 블로거들을 통해 이미 증명되고 있습니다. 1일 방문자 수가 만 명을 훌쩍 넘는 블로거들은 하루에 포스팅 한 개로 만족하지 않고 두세 개까지도 소화해냅니다. 어떤 블로그에는 하루에 새 글이 10개씩 올라오기도 합니다. 그만큼 블로그에 유효한 키워드가 많아지고, 활동지수도 높아지기 때문이에요. 그뿐 아니라 애드포스트 효력이 높아져 수익도 늘어나겠죠. 여러분도 일주일 정도는 1일 1포스팅에 적응하다가 1일 2포스팅, 3포스팅에 도전해보세요. 내가 원하는 목표에 도달하는 데 걸리는 시간이 단축될 거예요. 단, 제가 앞에서 언급했던 나만의 기록, 키워드 없는 1일 1포스팅만을 이어가는 분들에게는 해당하는 말이 아닙니다. 단순한 일기장 같은 기록은 내 블로그가 어느 정도 알려진 뒤에 효력이 있습니다. 이미 타 플랫폼에서 유명해진 인플루언서나, 인기 있는 책을 출간한 작가, 방송인들은 아무 기록을 해도 구독자들이 방문을 하지만, 아무 정보 없는 초보 블로거의 기록은 저절로 누군가 봐주기를 기대하기는 어렵습니다.

　이왕 기록을 시작했다면, 브랜딩을 위해 우선 방문자 수를 높이는 작업을 시작해보세요. 이왕 기록하는 거라면 쉬운 기록보다는 키워드 있는 포스팅을 공략해보세요. 시간도 많이 들고, 정성도 많이 들어서 너무 어렵다고요? 브랜딩과 수익화가 저절로 이루어진다고 생각한 건 아니시죠? 현재 활발하게 활동하는 인플루언서들이 좋아하는 일만 하며 쉽게 돈을 번다고 생각한 건 아니죠? 누구나 쉽게 시작할 수 있는 활동은 맞지만, 절대 쉽게 이루어지는 건 아니에요. 단, 시간과 공간의 제약 없이 내가 좋아하는 일을 할 수 있다는 장점이 있는 거죠. 정성과 노력이 들어갈수록 더 빨리 성장하고, 단단하게 성장합니다.

여행을 가야 하는 등 개인 사정이 있어서 장기간 포스팅을 못하는 환경에 처한다면 어떻게 해야 할까요? 임시저장과 예약 발행 기능을 활용하세요. 시간 여유가 있을 때마다 미리 완성하여 임시저장을 해 둔 포스팅은 제시간에 재깍재깍 업로드된답니다.

또 한 가지! 매일 키워드 있는 포스팅으로 조금씩 조회수를 상승시키는 것도 중요하지만, 브랜딩을 위해 '나'의 일상과 생각을 공유하면 좋다는 사실 잊지 않으셨죠? 한 주의 마무리는 주간일기로 기록해보세요. 일주일의 기록을 다 채워도 좋지만, 일주일 중 가장 특별한 기억 한 가지를 끄집어내어도 좋아요. 특별하지 않다고 생각해도 좋아요. 그게 바로 나인걸요. 솔직하고 꾸밈없는 나를 보여주는 콘텐츠가 쌓여갈수록 브랜딩은 스며들듯 시작되고 있습니다.

⑤ 뼛속부터 블로거 정신 키우기

여기까지 잘 따라오셨으면 여러분은 이미 블로거 정신을 가지고 있는 분이라 생각합니다. 일상에서도 블로거 정신을 조금 더 키우는 연습을 해볼 거예요. 마치 소설가가 일상 속에서 글감을 찾는 과정과 비슷하다고 보면 돼요.

오늘 하루를 떠올려볼까요? 어제는요? 누구를 만나고, 무얼 먹고, 보는 일 중에서 블로그에 기록을 남기고 싶은 순간이 있었나요? 우울했던 일, 기뻤던 일, 특별한 일은 없었지만 평범해서 더 좋았던 감정을 끄적여보고 싶지는 않았나요? 음악을 듣다가 내 음악 리스트를 소개하고 싶지는 않았나요? 동네에 새로 생긴 서점이나 카페가 궁금한가요? 편의점 신메뉴를 먹어보니 맛이 어땠나요? 나의 친구나 연인이나 가족이 경험한 일은요? 내가 산 물건을 리뷰하고 싶지는 않았나요? 뉴스를 보다가 궁금한 정보를 찾아봤다면, 그 지식을 누군가와 나누고 싶지는 않았고요? 셀프 인테리어가 만족스러웠거나, 영화 속 명대사가 와 닿아서 나누고 싶었나요?

끊임없이 나열할 수 있는 이러한 경험을 전부 다 블로그 하라고 하는 건 절대 아니에요. 단지, 기록하고 메모하고 싶은 상황이나 순간을 캐치하는 연습을 하는 거랍니다. 내 블로그를 키우기 위해 조회수에 도움이 될 만한 포스팅 아이디어가 떠오를 수도 있고, 조회수와 상관없지만 기억을 위한 기록을 남겨둘 수도 있지요. 에세이 카테고리를 만들어서 글을 모아둔다면 책이 될 수도 있어요. 메모와 글감 찾기와 기록은 우리의 삶을 풍성하게 만들어주는 재료가 될 테니까요. 글감만 찾았다고 끝이 아니겠지요? 머릿속으로 항상 '이런 포스팅은 이런 제목이 좋겠어.'라고 제목을 만들어 보면서 키워드를 잘 조합하는 연습을 해보세요.

뼛속부터 블로거들은 머릿속이 항상 바쁘게 돌아갑니다. '이거 블로그하고 싶은데? 이거 키워드 좋겠다. 아, 오늘 오전에 포스팅하면 좋은 키워드인데, 내일 여행가니까 오늘 미리 해야겠어.'라는 생각을 자주 합니다. 실제로 하루에 한 개 이상 포스팅을 하는 습관이 들어있기 때문에 하루에 의미 있는 일 최소 한 가지는 한다고 볼 수 있어요. 인정욕구를 충족시키는 동시에 자존감을 높이는 데 도움이 되기도 하는 좋은 수단이 되기도 합니다.

챌린지 프로그램 활용하기(HOT Topic 도전)

① 블로그씨 질문에 답하기

'블로그 관리 – 메뉴 관리' 아래에 '글 배달'이 있습니다. 오늘의 블로그씨 질문을 배달 받을지, 중지할지 선택할 수 있는데요. 블로그씨 질문을 배달 받으면서 활용해보도록 할게요. 블로그씨는 주3회 블로그 영역 상단에서 질문을 할 거예요. 대답을 포스팅으로 활용해볼 만한 질문이 나오면 해보는 겁니다. 장황한 포스팅이 될 필요는 없지만, 단 몇 줄의 단답형 대답은 좋지 않겠죠. 블로그씨 질문에 대답을 하는 이유는 '블로그 홈 – 핫토픽' 부분에 내 포스팅이 노출될 가능성이 있기 때문입니다. 블로그 홈에 노출이 되면 자연스럽게 방문자 유입이 늘어나겠죠?

② 블로거, 영화를 말하다

영화 리뷰에 관심 있는 분이라면 한 달에 세 편 이상 영화 리뷰 쓰기에 도전해보세요. 미리 영화 리뷰 게시판을 하나 만들어 두세요. '블로그 홈 - 챌린지 프로그램'에서 '영화 리뷰 연재하기' 버튼을 눌러 신청해주세요. 매달 소개되는 '도전! 핫토픽'에 소개될 수 있습니다.

③ 목표달성! 미션 위젯

'블로그 홈 - 챌린지 프로그램'에서 '미션 위젯 연재하기'를 도전해볼까요? 아래 사진에서 보다시피 정해진 주제가 다양하게 있습니다. 내가 하고 싶은 챌린지 주제가 없다면 '나만의 테마'를 클릭해서 직접 주제를 설정하는 것도 가능합니다. 100일간 꾸준히 연재를 등록함으로써 목표의식을 심어주고, 나의 도전에 힘을 보태는 데 큰 도움이 될 수 있겠죠?

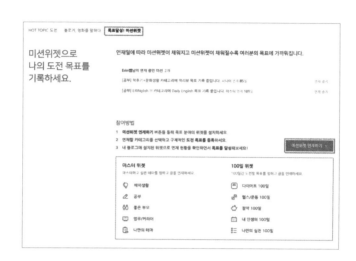

7 네이버 블로그팀 이벤트 참여하기

블로그팀 공식 블로그(https://blog.naver.com/blogpeople)에 방문해보세요. 블로그 운영에 관한 자세한 설명이 축적되어 있을 뿐더러, 공식 이벤트를 자주 진행하고 있습니다.

'모먼트 챌린지'는 틱톡이나 인스타그램 릴스와 비슷한 서비스로 짧은 영상을 만드는 서비스입니다. 거의 매달 다른 주제로 이벤트를 진행하고 있으니 챌린지에 도전해보는 것도 좋겠죠? 이벤트 상품으로 네이버페이를 받을 수 있다는 장점도 있지만, 이벤트에 참여함으로써 방문객의 유입을 기대할 수도 있으니까요.

⑧ 이달의 블로그 도전하기

위에서 소개한 네이버 공식 블로그에서는 매달 중순쯤, '이 달의 블로그' 추천을 받습니다. 매달 새롭게 정한 주제에 맞는 블로그를 선정해서 소정의 선물도 주고, 닉네임 옆에 표식도 달아줍니다. 이는 조회수가 높고 낮음과는 전혀 상관이 없어요. 하나의 주제로 꾸준히 많은 포스팅을 올린 블로거에게 상이 돌아가는 공평한 제도입니다. 단, 실 이용자들이 실제로 도움을 받을만한 포스팅인지를 참고하여 뽑는 건 당연하겠죠?

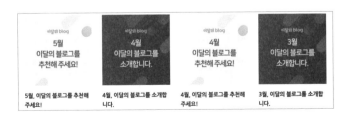

블로그 플래너 사용법

- 1일 1포스팅 주제를 미리 정해보거나, 매일 포스팅한 기록을 남겨보세요. 두세 가지의 주제를 가지고 블로그를 꾸려나가는 과정에서 주기적으로 '주제'를 확인하는 것은 중요합니다.

- 블로그에 리뷰를 써야 하는 체험단 등의 이벤트 모집 마감일과 발표일, 원고 마감일을 한눈에 확인할 수 있도록 정리해볼까요? 블로그 초반에 비해 점점 블로그 플래너를 채울 일이 많아질 거예요. 이렇게 정리해두면 내가 꼭 참여하고 싶었던 이벤트를 놓치는 일은 없겠죠?

- 플래너 아래 빈 상자에는 메모를 남길 거예요. 어떤 내용으로 채울 수 있을까요? 예를 들어볼게요.

  - 체험단, 서포터즈 등 활동 기록

  - 기억에 남는 블로그 이웃

  - 속상했던 경험/이유/해결 방안

  - 감사했던 경험

  - 도전해보고 싶은 포스팅 분야

  - 애드포스트 등, 수익 기록

  - 기억해야 할 이벤트

- 플래너의 사용 예시를 보고, 나만의 멋진 플래너를 꾸려나가 보세요. (플래너의 샘플은 책뒤에 있습니다.)

블로그 플래너 예시

블로그 플래너 A   **5월**

	SUN	MON	TUE	WED	THU	FRI	SAT
DAY							1
포스팅 주제							영등도카페
이벤트 마감							
이벤트 발표							
리뷰/원고 마감							
DAY	2	3	4	5	6	7	8 어버이날
포스팅 주제	서평	끄지아여행법	영어		영등포쿠카데		
이벤트 마감	삼성전자					푸른향기서평단	
이벤트 발표				호텔스닷컴			
리뷰/원고 마감						인천공방-수기	
DAY	9 독서모임	10	11	12 북토크	13	14	15
포스팅 주제		포르투갈여행			제주여행		일상
이벤트 마감	KLM항공						
이벤트 발표		푸른향기		KLM항공		여름 따뜻한곳	
리뷰/원고 마감			끄지아원고		전시회		강의 자료
DAY	16	17	18	19	20	21	22
포스팅 주제		쿠바여행법			광고카도시		
이벤트 마감	삼행시						
이벤트 발표			치즈	체고가컴퓸			
리뷰/원고 마감							
DAY	23	24/31	25	26	27	28	29
포스팅 주제					제주여행		
이벤트 마감							
이벤트 발표						삼성전자	
리뷰/원고 마감	채널예스						

☆ 새 이웃 - Jessica님, 쑥리님 ♡

☆ 채널예스 에세이 마감 전에 쓰자!! 강의 준비 미리미리

☆ 1일 1포스팅 → 1일 1.5/2 포스팅 하기 (미리 예약 발행하자!!) ☆

블로그 정체기예요. 유입량을 늘리고 싶은데, 방문자 수 빠르게 늘릴 수 있을까요?

블로그가 정체기인 이유를 먼저 살펴볼까요? 정답은 이미 나와 있을 거라 예상합니다.

키워드가 있는 1일 1포스팅을 했나요?
방문자 수 유입을 위해 공들이는 포스팅도 하셨나요?
블로그에 유입을 책임져 줄 효자 포스팅도 주기적으로 했나요?
내 블로그의 주제와 맞는 양질의 포스팅도 꾸준히 했나요?
방문자를 위해 정보전달을 잘 하고 있나요?
이웃 간의 소통은 활발히 하셨나요?

블로그는 내가 노력한 만큼 결과가 나타납니다. 이 책이 주는 조언을 더하면 블로그는 금방 성장할 것입니다.

블로그에서도 해시태그를 활용하면
좋은 점이 있나요?

블로그에서도 해시태그를 활용하면 좋습니다. 인스타그램의 해시태그처럼 강력한 영향력을 미치지는 않아도 분명히 효과는 있어요. PC 버전과 모바일 버전에서 해시태그는 그 역할을 달리합니다.

PC에서는 어느 블로그를 보다가 해시태그를 클릭하면, 그 해시태그에 해당하는 '해당 블로그 포스팅'만이 검색 결과에 나타납니다. 예를 들어 A 블로그에서 '#조지아여행' 해시태그를 클릭하면, A 블로그 안에서 작성된 '조지아여행' 포스팅 결과를 한눈에 볼 수 있습니다.

모바일에서는 조금 다릅니다. A 블로그에서 '#조지아여행' 해시태그를 클릭하면, 해당 블로그 아래쪽에 다른 블로그에서 작성된 '조지아여행' 포스팅 결과가 나옵니다. 누군가가 모바일 버전의 다른 블로그에서 어떤 해시태그를 클릭했다가, 건너 건너 내 블로그로의 유입이 생길 수 있다는 뜻이겠죠?

내가 작성한 포스팅 속 그림이나 사진이
다른 곳에서 사용되지는 않을까요?

내가 작성한 포스팅 내용이 다른 데서 사용하는 것을 완전히 막을 방법은 없습니다. 온라인에 공개적으로 공개하는 정보는 그만큼 열린 정보라는 뜻이니까요. 하지만 내 포스팅에 원작자를 표시하고, 저작물의 공유를 막을 수 있는 방법은 있습니다. 네이버에서 제공하는 공식 CCL 설정을 사용하는 것이지요. 대한민국의 저작권법을 따르는 표기법입니다.

아래 사진처럼 저작물을 영리 목적으로 이용하는 것을 허락할지, 저작물의 변경이나 2차 저작을 허락할지 설정해두세요. 누군가 내 사진을 저장하는 것을 금하고 싶다면, 마우스 오른쪽 버튼 사용을 금지하세요.

내 저작물이 소중한 것처럼 다른 사람의 저작물이 소중하다는 것도 인지해야 합니다. 저작권법에 위배되지 않도록 타인이 찍은 사진이나 타인이 만든 썸네일 등을 허락 없이 캡처해서 사용하는 것은 금지되어 있습니다.

Part Ⅲ

블로그 관리와
확장 노하우

I

이웃과 서로이웃,
이렇게 관리하자

1 이웃과 서로이웃의 차이

'서로이웃'은 맞팔로우와 같은 개념입니다. 한쪽이 먼저 서로이웃 신청을 보내고, 받은 사람이 수락하면 서로이웃 관계가 맺어집니다. 만약 상대가 바쁘거나 하는 등의 이유로 오랫동안 수락을 하지 않으면, 계속 '서로이웃 신청 진행중'인 상태로 유지됩니다.

'이웃'은 지속적으로 찾아보고 싶은 블로그를 나 혼자 추가한다는 뜻입니다. 블로그는 인스타그램처럼 직관적으로 팔로잉과 팔로워의 숫자가 비교되어 보이지 않기 때문에 이웃과 서로이웃의 숫자에 연연할 필요가 없습니다. 블로그를 운영하는 과정에서 서로이웃은 자연스레 늘어날 테니까요.

블로그 초반이라 이웃 숫자가 적어서 신경 쓰인다면, 블로그 관리 영역에서 이웃 숫자를 비공개로 돌려놓을 수도 있습니다. 또한 내가 이웃으로 추가한 블로그와 나를 추가한 블로그를 둘 다 비공개로 해 둘 수도 있고요.

블로그 '관리-기본설정-열린이웃-이웃·그룹 관리'로 가보세요. 여러분과 서로이웃을 맺은 이웃들 명단이 보이죠? 명단이 있는 박스 위에 탭이 세 개 보일 거예요. '이웃그룹' 탭을 클릭하면 '공개변경' 버튼이 보일 거예요. 내 이웃 그룹을 선택한 뒤, '공개변경-비공개'로 설정하면 내가 추가한 이웃이나, 나와 서로이웃을 맺은 이웃을 전부 다 비공개로 변경할 수 있습니다. 나의 이웃을 공개로 해도 상관은 없지만, 굳이 공개로 할 필요도 없으니까 여러분의 선택을 따르시면 된답니다.

이번에는 블로그 '관리-기본설정-열린이웃-서로이웃신청' 페이지를 가보세요. 상단에 '안내 메시지' 탭을 클릭하면, 글 작성 칸이 나옵니다. 누군가가 내게 서로이웃을 신청할 때 보이는 메시지입니다. 내 블로그 주제나 서로이웃을 맺는 기준 등에 대한 소개를 미리 적어두어 적절히 활용하세요.

2 서로이웃을 잘 안 받아주는 이유

블로그 운영을 하다 보면 내가 먼저 서로이웃 신청을 했다고 해서 모든 블로거가 서로이웃을 수락하지 않는다는 걸 경험하게 되실 거예요. 기분이 나쁠 수도 있고, 실망할 수도 있죠. 이미 자리를 잡은 블로거들이 서로이웃을 받지 않는 이유는 여러 가지가 있습니다. 차근차근 알아볼까요?

① 피드 관리

블로그에도 인스타그램과 비슷하게, 내가 이웃으로 추가한 블로그의 새 글을 모아볼 수 있는 '이웃 새 글' 피드가 있습니다. 비슷한 관심사를 가진 이웃의 새 글을 보고 쉽게 소통할 수 있는 페이지입니다. 그런데 잘 모르는 사람이 보낸 서로이웃 신청을 무작정 받아주다 보면 이웃 피드라는 게 무의미하겠죠. 인스타그램이나 페이스북에서도 내 관심사가 아니거나 광고가 많은 피드는 싫었던 경험이 한 번쯤은 있을 거예요. 블로그 운영을 오래 하다 보면 자연스럽게 서로이웃이 늘어나고, 어느 순간 피드 관리가 무색해지는 순간이 오게됩니다. 내가 정말 친한 이웃들의 '새 글'만을 보고 싶다면, 보고 싶지 않은 이웃 '새 글 끄기'를 할 수도 있긴 합니다. 하지만 그렇게 무의미한 이웃을 늘려나가야 할 필요는 굳이 없습니다. 왜냐하면 블로그는 내가 양질의 정보를 제공해서 '나를 구독'하게 만드는 게 더 중요하기 때문입니다.

② 광고성 상업 블로그는 악영향을 미칠까?

상업 블로그라고 나쁜 건 절대 아닙니다. 상업성 블로그는 크게 본인 사업을 직접 홍보하는 경우와 광고 대행업체에 맡긴 경우 두 가지로 나뉘는데요, 광고 업체는 다시 세 가지로 나뉩니다. 개인이 블로그를 대행 맡아 운영하는 경우도 있고, 업체가 대행을 맡아 운영을 잘하는 경우도 있고, 대량의 블로그를 대행 맡아 기계적으로 운영하는 경우도 있습니다. 이때, 안 좋은 영향을 미칠 수 있는 건 후자의 경우입니다.

블로그 운영을 하다 보면, 서로이웃 신청 인사글이나 블로그 방문 댓글이 복사, 붙여넣기의 형태를 띠고 있다는 건 금방 알아차릴 수 있습니다. 블로그 초보일 땐 구별하기가 힘들수도 있지만, 블로그 N연차가 되면 서로이웃 신청 인사 메시지를 단 한 줄만 봐도 '이건 광고다, 아이디를 산 사람이다, 업체다, 프로그램을 돌린 가짜 메시지다.'라는 걸 쉽게 구별할 수 있게 됩니다. 그렇다면 공장에서 찍어내는 듯한 댓글로 몇백 개의 블로그에 방문해서 기계적으로 댓글을 하는 블로그와 서로이웃을 맺을 필요가 있을까요? 하물며 상업성 블로거가 아닌 개인 블로거 중에도 이런 유료 프로그램을 어둠의 경로로 찾아내어 이용하는 분들이 점점 늘어나고 있는 추세입니다. 그렇게 늘린 이웃이 과연 진정한 이웃일까요? 내 블로그의 글을 제대로 읽지도 않은 채 공감버튼을 누르거나 가짜 댓글을 하고 말 텐데요. 가짜 이웃 10명이 좋을까요? 진정한 이웃 1명이 좋을까요? 여러분이 판단할 몫으로 남겨둘게요.

그럼 서로이웃에 관해 더 알아보기로 하고, 동시에 내가 서로이웃 신청을 먼저 하게 된다면 어떤 메시지를 어떻게 보내면 좋을지에 대해서도 알아보기로 해요.

③ 굳이 '거절'까지 해야 하나요?

다음 이미지를 참고해볼게요. 똑같은 패턴의 신청글이라는 걸 눈치채셨나요? 마치 수학공식처럼 내 블로그에 새로 등록된 '새 글'의 제목과 '닉네임'을 자동 입력하여 안부글을 남기기도 합니다. 이런 블로그들은 서로이웃 신청을 받아도 소통이 이루어질 리가 없습니다. 우리 블로거의 하루 시간이 48시간이 아닌 이상 말이죠. 블로그에서는 소통이 중요하기 때문에 나와 인연을 맺은 진짜 '서로이웃'과의 소통을 우선할 수밖에 없습니다. 시간은 한정되어 있고, 방문하고 싶은 진짜 이웃 블로그는 많은데, 공장식 상업 블로그의 손까지 잡아줄 여력은 없는 거죠.

'거절' 버튼을 누르지 않으면, 내 블로그에 서로이웃 신청 목록이 몇백 개를 넘어 1,000개 이상으로 쌓이게 됩니다. 시간이 날 때마다 서로이웃 신청자 명단을 보고 가짜 이웃에게는 '거절'을 하지 않는다면, 제게 서로이웃을 신청한 진짜 이웃이나 지인은 어떻게 가려낼까요? 관심사가 맞지 않거나 기계처럼 소통을 시도하는 블로그에게까지 나의 시간을 나눠 주어야 할까요?

포스팅 잘 보고 서이추 신청 꾹 누르고 갑니다~^^ 앞으로도 자주 소통하며 지냈으면 해요 ㅎㅎ 이번주도 화이팅!!	22.11.22.
기분좋게 시작한 아침은 기분 좋은 하루를 만들어줍니다. 오늘 하루 시작은 상쾌한 페퍼민트티와 함께하는게 어떠세요? 행운 가득한,운수 좋은 날 되시길 기원합니다♡	22.11.22.
서로이웃추가 하면서 친하게 지내고 싶어요~^^ 2021년도 건강하고 항상 행복한 날들만 있길 바래요~^^	22.11.22.
코로나가 장기화 되면서 몸과 마음이 많이 지쳐있는 것 같습니다. 하지만 희망을 잃지 마시고 함께 어려운 시기를 잘 극복하고 헤쳐나갑시다 ^^ !	22.11.22.
안녕하세요 반가워요~^^ 2021년도 항상 건강하고 좋은 날들만 있길 바래요! 서이추 신청 꾸욱 누르고 갑니다~^^	22.11.22.

<잘못된 서이추 인사 예시>

 3   서로이웃이 많아야 좋다?

서로이웃 숫자는 블로그 성장과 큰 상관이 없습니다. 내 블로그를 이웃 추가한 숫자 즉, 내 블로그를 구독하는 숫자가 많아야 좋은 거지요. 내 블로그를 구독하는 사람이 많으려면, 그만큼 양질의 포스팅이나 도움이 되는 포스팅이 많아야겠죠? 당연한 논리입니다. 그런데 블로그를 시작한 지 얼마 되지 않은 초보라면 검색어 유입이 쉽지 않기 때문에 서로이웃이라도 늘려서 서로 '윈윈'하는 관계를 구축하길 원하는데요, 관심사가 다른 블로그와 서로이웃을 하거나 억지로 소통하는 관계는 오래갈 수 없습니다. 어느 순간 상대방이 일방적으로 서로이웃을 끊는 일이 발생할 수 있어요.

① 내 블로그가 수익을 위한 블로그라면

오로지 수익화를 위해 광고대행을 위한 블로그로 키울 생각이신 분들은 비슷한 주제의 상업 블로그와 서로이웃을 맺고 친해지는 걸 추천드려요. 서로이웃을 하는 이유의 대부분은 댓글이나 공감의 개수를 늘리고자 하는 것이기 때문에, 니즈(needs)가 같은 블로그와 소통을 시작하는 게 좋을 거예요.

② 블로그를 막 시작한 초보 블로그라면

먼저 포스팅을 여러 개 해두세요. 처음에는 누가 봐주지 않아도 꿋꿋하게 시작하세요. 블로그의 방향성 소개나 블로거의 자기소개 포스팅으로 시작하면 좋아요. 소개글을 공지에 띄워두세요. (포스팅을 발행한 뒤에, 오른쪽 상단에 있는 세로 '점 세 개 표시를 클릭하여 '공지로 등록'을 할 수 있습니다) 매일 하고 싶은 분야의 포스팅을 하기 시작하세요. 키워드 있는 포스팅도 하기 시작해서 점점 유입을 이끌어보세요. 어느 정도 포스팅이 모였다고 생각하면 그때 서로이웃 신청을 시작하는 게 좋아요. 비슷한 시기에 블로그를 시작한 초보 블로그를 찾아 서로이웃을 신청하고 함께 성장해나가는 게 좋아요. 겨우 포스팅 한두 개만 한 상태에서 마구잡이로 서로이웃을 신청하면 곧바로 받아들여지기는 힘들어요.

활발히 운영 중인 블로그는 이미 친한 서로이웃이 많이 있어요. 서로이웃을 새로 받아들이기 전에 이 블로그가 앞으로도 꾸준히 활동할지 알 수가 없어서 보류하는 경우가 많아요. 네이버 블로그는 평균 1초에 7개 정도 포스팅이 업로드된다고 하네요. 그 정도로 많은 블로그가 있어요. 신나는 마음으로 블로그를 시작했지만, 막상 일주일 뒤, 한 달 뒤, 두 달 뒤쯤에는 블로그에 흥미를 잃는 분이 굉장히 많아요. 그렇기 때문에 이미 활발하게 활동하는 블로그는 '아직 새 글이 별로 없는 걸 보니, 곧 그만둘지도 모르겠네?'라는 생각을 할 수도 있어요. 실제로 그런 분들이 정말 많기 때문이에요. 마음먹는 것도 중요하지만, 적당한 기간 동안 실천을 한 뒤에 서로이웃을 늘리면 어떨까요?

③ 진정성 있는 댓글로 승부하기

초보 블로그는 무조건 초보 블로그끼리만 소통해야 할까요? 전혀 아니죠. 무의미한 기계식 댓글이 아니라, 진짜 내 글을 읽고 댓글을 하는 이웃이라면 누구나 서로이웃을 수락할 거라고 생각해요. 1일 1포스팅을 하는 블로그 중에서도 이미 성장한 인플루언서들에게는 하루에도 서로이웃 신청이 10명~30명씩 꾸준히 들어옵니다. 내 블로그 포스팅을 하고 댓글 소통하는 데에 시간이 많이 소요되므로, 서로이웃 신청란은 며칠씩 신경을 못 쓰기도 합니다. 하물며 블로거가 전업이 아닐 때도 많은걸요. 본업인 직장생활이 따로 있기도 하고, 다른 SNS 관리도 해야 하고, 일상의 여러 가지 일들도 처리해야 하겠지요.

저는 일주일에 한 번씩 서로이웃 페이지에 가서 신청 메시지와 아이디를 살펴봅니다. 업체에서 기계 찍듯 만들어낸 아이디와 닉네임은 한눈에 들어옵니다. 직접 작성하지 않은 붙여넣기식 메시지는 한꺼번에 '거절'합니다. 요즘에는 업체에서도 이런 현상을 막기 위해 마치 개인이 운영하는 것처럼 관리하는 계정도 많이 생겨서 구분이 모호한 블로그도 꽤 보입니다. 일일이 방문해가며 당장 결정하기 힘든 블로그의 신청은 그대로 남겨둡니다. 지금은 보류로 남겨두고, 다음에 한 번 더 방문해볼 거니까요. 저와 관심사가 비슷한 블로그이면서 본인이 직접 일궈나간다고 생각되는 블로그이자 제게 먼저 댓글로 손을 내민 블로그의 신청은 수락합니다. 새롭게 소중한 인연을 이어나가게 되는 경우도 있지만, 그렇게 원하던 서로이웃을 수락해도 제 블로그에 다시는 방문하지 않거나 오히려 서로이웃을 먼저 끊는 경우도 생깁니다. 마치 인스타그램에서 팔로우를 했다가 먼저 팔로우를 끊는 것 같은 얌체 행동입니다.

이쯤 하면 블로그 방문자 수 많은 게 벼슬이냐, 연예인이냐, 잘난 척하는 거 아니냐… 하는 생각이 들 수도 있어요. 하지만 블로그는 다른 SNS처럼 사진·영상기술이 뛰어나야 하거나, 세련된 감각을 보유해야 하거나, 특정 분야에 전문성을 보유해야 스타가 되는 세상과 달라요. 투자한 시간과 노력만큼, 딱 그만큼 성장할 수 있는 정직한 공간입니다. 그만큼 성장하기까지 투자한 노력과 시간 속에서 그들은 이미 친한 친구 같은 서로이웃이 많이 있어요. 서로 댓글을 해주고 공감해주는 진짜 이웃들이 있어요. 10년이 넘어가는 온라인 세상 속에서도 학업, 결혼, 육아, 사업 등 한 사람의 대소사를 함께 경험하고 있어요.

충분히 새 이웃을 점차 늘려갈 수 있지요. 하지만, 어느 정도의 시간이 필요하다는 건 이해할 수 있을 거라 생각해요. 단순히 텃세를 부리는 게 아니라 블로그 운영에 소요되는 시간, 1분 1초가 중요하기 때문이라고 이해해 주세요.

블로그는 검색어로 유입이 많은 시스템이지, 서로이웃간의 의리로 운영이 좌우되는 시스템이 아닙니다. 예를 들어 제 서로이웃 숫자가 500명이라고 하더라도, 매일 제 블로그에 방문해주는 서로이웃은 20명 이내일 거예요. 왜 그럴까요? 서로이웃만 신청해놓고 활동을 멈췄거나, 본인 블로그 포스팅만 하기에도 바쁘기 때문입니다. 그래도 친한 서로이웃끼리는 이해해줍니다. 블로그 활동이 얼마나 손이 가는지 알기 때문에, 바쁜 시기에는 내 블로그 방문을 뜸하게 할 수도 있죠. 당연히 그렇고 말고요. 가끔은 대대적으로 서로이웃을 정리한다는 글을 올리는 블로거들도 보입니다. 이는 다른 SNS

인 인스타그램이나 페이스북에서도 나타나는 자연스러운 현상이기도 해요. 블로그를 운영하는 블로거끼리는 쌍방향 소통이 이루어져야 끝까지 인연을 이어갈 수 있어요. 물론 쌍방향 소통이 없어도 서로의 이야기를 조용히 읽고 가는 인연을 이어갈 수도 있고요.

서로이웃 신청을 '거절'하면 거절 메시지가 가나요?

상대방에게 '거절 메시지'는 가지 않습니다. 하지만 '수락 메시지'는 전달됩니다. 예를 하나 들어볼게요.

내가 A 블로거에게 서로이웃 신청을 하고 기다리고 있는데, 며칠 동안 수락 메시지가 오지 않는다면 어떻게 할까요? 혹시나 누락되었는지 확인하기 위해, A 블로그에 가서 서로이웃 신청을 다시 한 번 시도할 수 있겠죠. 그때 A 블로거가 거절한 게 아니라면 '서로이웃 신청이 진행 중입니다.'라는 메시지가 뜹니다. A가 아직 확인을 안했군요.

만약 A가 거절했다면 어떤 메시지가 나올까요? 'A와 현재 이웃입니다.'라는 메시지가 뜹니다.

즉, 내가 서로이웃을 신청했는데 상대방이 거절한다면 나만 일방적으로 상대방을 '구독'하는 형태가 됩니다. 그렇다면 이걸 악용하는 블로거가 생길 수도 있을까요? 그렇지 않습니다.

'블로그 관리 – 기본 설정 – 열린 이웃' 탭에서 '이웃·그룹 관리'를 클릭해보세요. 다음 사진처럼 서로이웃의 하트는 채워져 있고, 나 혼자 추가한 이웃의 하트는 비어 있는 걸 확인할 수 있네요.

블로거들은 주기적으로 서로이웃 관리를 하면서 상대방이 일방적으로 서로이웃을 끊었거나, 전혀 소통을 하지 않는 등의 경우에 똑같이 대응하기도 한답니다.

♥ 서로이웃

♥ 서로이웃

♥ 서로이웃

♡ 이웃

♡ 이웃

서로이웃을 막아두는 방법은 어떨까요?

다음 사진처럼 '서로이웃' 관리 부분이 복잡하다는 이유 때문에, 특히 기계적으로 메시지를 보내는 잘못된 예의 상업 블로그를 대응하기 싫다는 이유 때문에, 애초에 서로이웃 신청을 막아 두는 블로그도 있습니다. 이런 경우 스팸 메시지를 받을 가능성이 적어진다는 장점도 있지만, 진정한 서로이웃을 관리하기 힘들다는 단점도 있습니다.

서로이웃 신청받기　　　○ 사용　　● 사용하지 않음

· 사용하지 않음 선택 시, 다른 사람이 서로이웃 신청을 보낼 수 없습니다.
· 기존 서로이웃은 유지됩니다.

예를 들어볼게요. A와 B는 여행에서 만나 친해진 친구 사이입니다. 둘 다 블로그를 운영한다는 사실을 알고는 A에게 B가 서로이웃 신청을 하려고 합니다. 그런데 A가 서로이웃 신청을 막아 두었네요. 친한 친구가 되었으니 그냥 '이웃' 추가를 합니다. 당연히 A도 B를 '이웃' 추가했습니다. 둘은 '서로이웃'과 같

은 관계가 되긴 했지만, B 입장에서는 조금 불편한 점이 생겼습니다. B는 A보다 더 오랫동안 블로그 운영을 해온터라 이웃과 서로이웃 숫자가 많아서 각각 그룹을 지어 분류하고 관리하고 있기 때문입니다. 가끔은 '서로이웃'에게만 공개된 포스팅을 올려서 일상을 공유하기도 하고, 서로이웃을 대상으로 이벤트를 열기도 합니다. 무엇보다 이웃을 그룹으로 나누어 관리하는 과정에서 다소 불편한 점을 감수해야 하는 점이 생기기도 합니다.

서로이웃 신청을 막아두지 않아도 '블로그 관리 – 기본 설정 – 스팸차단' 탭에서 '스팸 차단 설정'을 할 수 있습니다. 눈에 띄는 나쁜 ID나 스팸 용어를 입력해두세요. 내 블로그에 공감이나 댓글을 남길 수 없도록 차단할 수 있습니다. 또한 네이버에서 설정해둔 '자동 차단 설정'도 해두면 도움이 됩니다.

스팸 차단	**스팸 차단 설정**
스팸 차단 설정	
차단된 글목록	**자동 차단 설정 (스팸 필터)** 🔳
댓글·안부글 권한	◉사용　○사용하지 않음

4 본격적으로 이웃 늘리기

블로그를 만들었고, 양질의 포스팅도 어느 정도 쌓았고, 성장을 위한 본격 블로거가 될 준비가 되셨나요? 그럼 이웃을 늘릴 차례입니다. 여기서의 이웃은 서로이웃이 아닌, 내 블로그 구독자를 모으는 일이에요. 시간이 흘러 내 블로그에 자료가 차곡차곡 쌓이면 자연스럽게 이웃은 늘어나겠지만, 블로그를 시작한 지 1년 미만의 블로그라면 내 블로그를 알릴 수 있는 소소한 노력도 필요하겠죠? 시간과 체력이 허락해서 적극적인 노력을 할 수 있다면 더욱 좋습니다.

① 소통하기

'블로그 홈'에 가보면 주제별 블로그 포스팅이 올라옵니다. 매일 주제별 TOP 포스팅이 상단을 장식합니다. 이 부분은 해당 주제별로 포스팅을 많이 쌓아둔 블로거에게 꼭 차례가 돌아오는 코너입니다. 그러니까 한 번쯤 그 자리를 도전해보세요. 지금은 내 관심분야의 주제에서 끌리는 포스팅을 클릭해보세요. 포스팅 스타일이 마음에 들었다면 먼저 해당 글을 읽고 댓글도 해보세요. 상대방이 답방을 오면 다음에 또 답방을 가는 거죠. 그렇게 왕래가 시작되는 거예요. 블로거에 따라 댓글 답방을 잘 안 가는 경우도 있지만, 며칠 뒤에 가는 경우도 있습니다. 하루 종일 블로그만 붙잡고 있는 건 아니니까 어느 정도 기간은 두고 보면 좋아요.

내가 먼저 댓글을 할 때, 댓글은 단순히 '잘 읽었어요.' '좋은 글이네요.' '포스팅 잘하시네요.' '좋은 하루 보내세요.' 같은 인사보다는 진정성 있게 남기는 게 좋습니다. 방금 예시로 든 댓글은 내 글을 읽지도 않았다는 인상을 줄 뿐만 아니라, 복사·붙여넣기를 했다는 느낌을 줄 수 있습니다. 그렇다면 진정성 있는 댓글을 쉽고 빠르게 하려면 어떻게 할까요? 상대방의 포스팅에 관련된 내용을 남기는 게 당연히 좋을 텐데요, 포스팅을 꼭 정독할 필요는 없습니다. 그래도 포스팅을 쭉 훑어보면서 포인트가 될 만한 문단이나 문장을 캐치하여 댓글에 활용합니다. 상대의 포스팅을 진심으로 읽어주는 게 소통의 첫걸음이니까요, 상대의 블로그를 읽어보았다는 인상을 남기도록 해요. 상대와 나의 연결고리가 될만한 공통점이 하나쯤은 있는 블로그와 더 친해질 수 있다는 건 당연한 거고요.

② 이벤트 진행하기

적당한 시기에 이벤트를 진행해보세요. 누적 방문자 수가 10,000명이 된 기념, 구독자 수가 1,000명이 된 기념, 블로그 포스팅을 100개 올린 기념 이벤트 어때요? 생일 기념 이벤트나 기분 좋은 날 랜덤 이벤트를 해도 좋고요. 기본 이벤트 진행 방식은 거의 비슷해요. '이웃 추가'나 '본문 스크랩'을 이벤트 참여 조건으로 정하세요. 상품은 적당한 선에서 제시하세요. 큰 부담이 되지 않는 선에서 무얼 하면 좋을지 고민해보세요. 커피 쿠폰이나 도서상품권, 편의점 쿠폰 등 요즘 다양한 금액대의 기프티콘이 많죠? 내가 읽었던 책 중에서 괜찮은 책들을 골라 반값택배나 착불택배로 보내드려도 좋아요. 꼭 비용을 들이지 않더라도 정성이 들어간 상품도 좋습니다. 직접 상대의 얼굴이나 반려견을 그려주는 이벤트도 좋고, 여행지의 사진을 엽서로 제작하거나, 내가 잘할 수 있는 굿즈를 만들어 보는 것도 좋아요. 소소한 이벤트에 참여하는 분들도 꽤 많으니까, 혹시 '아무도 참여 안 하면 어쩌지.' 하는 걱정은 잠시 접어두세요. 이벤트 글을 올리자마자 곧바로 참여자가 몰려드는 건 아니니까, 며칠간은 꾹 참고 기다려보세요. 대신, 내가 상품으로 내 건 것들이 나도 갖고 싶은 것인 지쯤은 생각해보고 시작하면 좋겠죠?

좋은 마음으로 시작했지만, 이벤트가 끝나면 사라지는 블로거도 간혹 있어요. 후기를 써주기로 해놓고, 써주지 않는 사람들도 의외로 많고요. 일부러 그러는 사람도 있지만, 피치 못할 사정이 있어서 그런 경우도 있을 거예요. 그럴 땐 한 번쯤은 메시지를 보내서 '언제까지 후기가 가능한지' 물어보는 것도 좋지만, 마음 쓰지 않는 연습도 필요해요. 블로그를 하다 보면 속상한 일이 종종 생길 수도 있어요. 나와 전혀 상관없는 사람으로부터 참견을 듣거나, 악플을 받는 경우도 있겠죠. 나에게 중요하지 않은 사람으로부터 상처받지 않는 연습을 시작하기로 해요. 기분 나쁜 댓글은 '신고와 차단'을 활용하기로 해요.

또 하나 기억해야 할 점, 나와 친한 이웃이 이벤트를 진행하고 있다면? 반응해주고, 스크랩을 해주는 등 함께 홍보에 동참하고 있다는 걸 보여주는 노력도 좋아요. 친한 블로거끼리 협력도 꽤 중요하답니다. 무슨 일을 하든 의지가 되고, 힘이 되어주는 사람들이 있다는 건 내가 성장하는 데 커다란 발판이 되어줍니다.

③ 자료 제공하기

정보를 제공하는 포스팅을 한 후에, 자료를 제공하고 이웃 추가를 받는 방식입니다. 예를 들어볼게요. 제가 직접 만든 파워포인트 탬플릿 이미지가 여러 개 있어서 나누고 싶어요. '파워포인트 탬플릿 공유'라는 제목으로 포스팅을 작성합니다. 포스팅에서는 파워포인트 탬플릿 만드는 과정이나 깔끔한 탬플릿의 중요성을 언급합니다. 내가 만든 탬플릿 이미지도 캡처해서 올려놔도 좋고요. 그리고 포스팅 하단에 "제가 만든 파워포인트 탬플릿을 공유합니다. 탬플릿을 받고 싶은 분은 제 블로그를 '이웃 추가'해주시고, 비밀 댓글로 남겨주세요."라고 명시합니다. 비밀 댓글로 남긴 분들께 자료를 보낼 때는 이메일로 보내거나, 구글 드라이브에 자료를 저장해두었다가 공유 링크를 복사하여 댓글로 남기는 방법이 있습니다. 저는 후자의 방식을 사용하는 편입니다. 이메일은 틀리게 알려주는 분들이 많아서 오류가 의외로 자주 생길 뿐더러, 내 시간도 많이 잡아먹습니다. 단 한 번 구글 드라이브에 저장해둔 자료의 '공유링크'를 따서 대댓글로 공유합니다. 그럼 다음 사람이 똑같은 자료를 요청해도 댓글 창에 공유 링크 기록이 남아있기 때문에 곧바로 복사해서 붙여넣을 수 있다는 장점이 있습니다. 내가 공유할 수 있는 자료는 무엇이 있을지 고민해보세요. 육아 Q&A 일기장을 PDF로 만들어보거나, 굿노트 속지를 디자인해서 공유할 수도 있겠죠. 마찬가지로 노션 탬플릿, 교육 관련 학습지, 사업 관련 노하우 등을 나눠보는 것도 방법입니다.

④ 다른 소셜미디어 활용하기

요즘에는 SNS가 자기표현의 수단이자 사이드 프로젝트를 활용하는 데 꼭 필요한 수단이죠. 두세 개의 SNS 활동을 하는 분들이 많이 계실 텐데요, 각 플랫폼의 프로필에서 블로그 링크 연동 기능을 활용하는 겁니다. (예: 링크트리, 인포크링크, 인스타바이오, 리틀리 등) 그뿐이 아니겠죠. 블로그에서 새 포스팅을 작성했다면, 인스타그램 스토리나 페이스북에 공유하여 신규 유입을 늘릴 수도 있고요. 단, 완전히 똑같은 내용을 너무 자주 연동하면 보는 이에게 피로감을 주어 점점 유입이 줄어들 수도 있다는 걸 유의하세요. 정성스러운 포스팅이 잘 만들어졌을 때만 특별히 활용하면 좋을 것 같네요. 각 SNS 성격에 맞게 내용을 조금씩 변형해서 공유하는 것도 하나의 방법이 될 수 있어요. 똑같은 내용을 여러 개의 플랫폼에 똑같이 올리면 네이버 블로그는 성장이 더딥니다. 블로그에 올려야 하는 글 스타일, 인스타그램에 올려야 하는 스타일, 브런치에 올려야 할 스타일은 각각 다르니까요. 조금 더 부지런하게 운영하며 내가 운영하는 소셜미디어 플랫폼을 전부 다 잘 활용해보기로 해요.

⑤ 점점 늘어나는 이웃, 서로이웃 관리하는 법

초반에는 쉬이 생기지 않던 이웃들도 포스팅 개수에 비례하여 점점 늘어납니다. 나를 구독해주는 이웃은 따로 관리할수 없지만, 반대로 내가 구독하는 이웃과 서로이웃은 점점 많아지면 관리의 필요성을 느낄 거예요. 복잡해지기 전에 처음부터 미리 그룹을 만들어두면 좋습니다.

블로그 '관리 – 기본 설정 – 열린 이웃 – 이웃·그룹 관리'를 클릭합니다. '이웃그룹' 탭을 클릭하여 '그룹 추가' 버튼을 클릭합니다. 이제부터 그룹을 만들기 시작할 건데요. 주로 나의 관심사와 연관된 그룹이 많아지겠죠? 지인 블로그, 친한 블로그, 서로이웃 수락 후 당분간 여유를 두고 싶은 임시 보관 블로그, 책이나 영화 등 문화 분야 공식 블로그, 공공기관이나 사업체 공식 블로그, 내가 필요한 정보를 얻을만한 여행블로그 등 나에게 필요한 그룹을 여러 개 만들어두세요. 그룹을 만들어 둔 뒤에는 새로 이웃을 추가하거나 서로이웃 수락을 할 때마다 적절한 그룹으로 카테고리화 해두세요.

처음에는 이웃 숫자가 많지 않아도 금세 늘어납니다. 이웃 그룹 하나당 500명까지 채울 수 있으니, 한 그룹에서 500명이 다 채워지면 새로 그룹을 만들면 됩니다. 하루에 서로이웃 신청은 100번까지 가능하고, 서로이웃은 최대 5,000명까지 만들 수 있습니다.

두 가지를 기억하세요. 내가 먼저 손을 내밀어 서로이웃이 된 후에, 현실 친구보다 더 친한 온라인 인연이 만들어질 수도 있다는 것, 하지만 숙제처럼 하루에 100명씩 억지로 만들어 간 서로이웃 숫자는 큰 의미가 없다는 것, 그 시간에 양질의 포스팅을 생산하여 '나를 구독'하게 하는 이웃 수를 늘리는 데 집중하기로 해요.

II

블로그 확장 및 수익창출, 이렇게 하면 된다

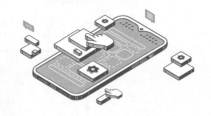

프리랜서나 1인 기업 및 사업자에게는 필수조건인 소셜미디어, 심지어 직장인도 사이드 프로젝트나 앱테크를 위해 소셜미디어(SNS)를 활용하는 분들이 많습니다. 다양한 SNS는 각각 성격이 조금씩 다르지만, 공통점은 있죠. 바로 수익을 창출할 수 있다는 점입니다. '나는 수익이 따르는 직업이 따로 있기 때문에 SNS는 소소한 일상 기록용으로만 사용합니다.' 하는 분들도 있지만, 소소하더라도 추가 수익이 생긴다고 하면 누가 마다하겠어요. 이 책을 읽고 있는 여러분들도 같은 마음 아닐까요? 블로그 활동에서 자연스럽게 이어질 수 있는 수익창출 활동 몇 가지를 소개해볼게요.

1 애드포스트

블로그 수익의 꽃이라고 할 수 있는 애드포스트(https://adpost.naver.com/)는 네이버 공식 서비스입니다. 블로그에 콘텐츠를 발행하는 창작자들과 광고주들을 연결하여 매달 발생하는 수익을 배분 받는 광고 매칭 공유 서비스예요. 블로그 검색 이용자가 포스팅 중간이나 하단에 위치하는 광고를 클릭하면 광고에 따른 일정 금액이 적립됩니다. 매달 25일에 정산하여 5만 원 이상일 때마다 블로거의 네이버페이로 정산됩니다. 5만 원 이하일 경우에는 다음 달 금액과 합산되는 방식이고요. 원한다면 5만 원 이상이 되어도 정산을 받지 않고 내버려 두었다가 목돈으로 만들어지면 정산을 받을 수도 있습니다. 예를 들어 나는 100만 원 이상이 될 때 정산받겠다고 설정해두면, 해당 금액에 도달했을 때 네이버 페이로 정산받을 수 있습니다.

광고의 성질(포스팅 키워드와 관련)에 따라 금액 차이가 있기 때문에 이를 잘 이용하여 애드포스트만으로도 큰 수익을 거두는 블로거들이 많습니다. 하지만, 키워드 단가까지 일일이 신경 쓰며 포스팅을 하는 건 전업 블로거일 경우에 가능할 정도로 부지런해야 가능한 일이기도 합니다. 하루에 얼마나 많은 포스팅을 하느냐와 양질의 포스팅을 하느냐에 따라 달라지기도 하겠죠? 콘텐츠가 많으면 많을수록, 애드포스트 광고도 많이 붙을 테니까요.

애드포스트 수익은 블로그마다 천차만별입니다. 한 달에 약 2만 원가량이 나와 소위 치킨값을 벌었다고 말하기도 하지만, 한 달에 50만 원 이상이나 실제로 몇백만 원 이상 수익을 내는 분들도 있습니다.

블로그를 오픈하자마자 애드포스트를 신청할 수 있는 건

아닙니다. 블로그 개설 90일 이상, 포스팅 50개 이상, 평균 방문자 수 100명 이상 되는 시기에 신청할 수 있다는 소문이 있습니다. 그런데 이는 정확히 규정된 규칙이 아니라서, 블로그 포스팅이 50개 이하라고 하더라도 일 방문자 수가 높거나, 양질의 포스팅을 꾸준히 업로드하고 있다면 애드포스트 승인이 되기도 합니다. 실제로 그런 사례가 여럿 있습니다.

애드포스트 서비스를 신청하자마자 승인이 날 수도 있지만, 보류 메일을 받을 수도 있습니다. 보류 이유를 간단히 설명해주기 때문에(예: 방문자 수나 페이지뷰 숫자가 부족하다는 이유 등) 조건을 다시 충족하여 신청할 수 있습니다. 애드포스트 신청 방법은 다음 QR코드에 연동된 제 블로그 포스팅을 보고 따라해보세요.

2 제품협찬/체험단 (+원고료)

　레스토랑, 미용실, 네일샵, 화장품부터 가구, 소소한 제품부터 호텔 이용권, 전시 티켓이나 해외여행 상품까지 체험단의 종류는 굉장히 다양합니다. 제품만을 제공받아 후기를 작성해주기도 하지만, 제품과 원고료를 둘 다 제공받아 후기를 작성하기도 합니다. 후기를 의뢰하는 업체는 방문자 수 등 블로거의 영향력을 나타내는 지표에 따라 차별화한 원고료를 지급합니다.

　예전에는 무조건 방문자 수나 팔로워 숫자가 많은 인플루언서에게만 마케팅을 맡기는 업체가 많았다면, 최근에는 마이크로 인플루언서(팔로워 1,000명~10만 사이)의 영향력이 더 크다는 보고서가 발표되며 실제로 소통에 중점을 두는 블로거에게도 기회가 주어집니다.

　마케팅을 잘하는 업체일수록 숫자에만 연연하지 않습니다. 일 방문자 수가 1,000명인데 100명에게 영향을 주는 블로그가 있고, 일 방문자 수가 10,000명인데 단 한 명에게도 영향을 주지 못하는 블로그가 있습니다. 그래서 일 방문자 수를 키우는 것도 중요하지만, 브랜딩도 중요하다고 볼 수 있어요. 물론, 마케팅 업체들이 실제 영향력을 알아보려고 애를 쓰지 않고, 단순히 숫자로만 판단하여 광고를 맡기는 경우가 아직도 허다하지만, 점점 진짜를 알아보는 마케팅 업체나 사업자들도 늘어나고 있습니다.

최근에는 체험단이라는 이름보다는 서포터즈나 앰베서디, 혹은 브랜드만의 자체 체험단 명칭을 만들어줌으로써 소속감을 증대시키기도 합니다.

체험단 활동은 다음과 같이 나뉩니다.
① 이메일이나 쪽지로 받은 의뢰를 수락하여 진행하기
② 브랜드 공식 블로그를 통해 체험단 신청하기
③ 체험단 웹사이트에 가입해서 원하는 체험단 신청하기
④ 체험단 오픈 카카오톡방에서 신청하기

블로그 초보일 때는 책 서평단, 맛집 체험단, 미용실 이용권 등 체험단 경험이 하나, 둘 늘어나는 재미가 큽니다. 그래서 체험단을 하기 시작하면 내 블로그 주제의 본래 색깔을 잃어갈 수 있습니다. 체험단을 하면서 용돈벌이를 하는 것도 좋지만 내 블로그 주제를 잃지 마세요. 처음에 잡아 두었던 목표를 기억하세요. 블로그 초보일 때는 체험단만 가능하지만, 블로그 방문자 수가 늘어나고, 브랜딩도 되어간다라는 느낌이 들기 시작할 즈음에는 체험단 제공+원고료까지 지원받습니다.

보통 일 방문자 수가 1,000명~3,000명 정도가 되면 원고료는 평균 10만 원 정도로 책정됩니다. 3,000명~50,000명 이상이 되면 원고료는 10만 원~50만 원 사이로 책정되고요. 체험단이나 광고를 요청하는 종류에 따라서 금액이 달라지기도 합니다. 단순히 애드포스트가 아니라도 내 블로그가 하나의 마케팅 장이 된다면 수익은 얼마든지 늘릴 수 있겠죠? 잘 키운 블로그 하나로 월 수익을 많이 만들 수 있다는 건 거짓말이 아닙니다.

체험단을 진행했거나, 원고료를 받고 광고성 포스팅을 진행했다면 대가성 포스팅이라는 사실을 고지해야 합니다. 공정거래위원회에서 권고한 광고표기법에 따라 협찬을 받았다는 문구를 꼭 제시하세요. 체험단 사이트의 예시를 제공해드릴게요. 그런데 이 역시 일부일 뿐, 네이버에 검색하면 더 많은 체험단을 발견할 수 있습니다. 또한 체험단 사이트에 나와 있지 않아도 브랜드별 공식 블로그에서 직접 체험단을 모집하기도 하고요. 내 블로그가 성장궤도에 오르면, 상위 블로거만 초대하는 체험단 사이트에서 초대 메일이 오기도 합니다.

체험단 웹사이트의 예시

- 레뷰 https://www.revu.net
- 티블 https://www.tble.kr
- 미블 http://www.mrblog.net
- 링블 https://ringble.co.kr
- 리뷰 플레이스 https://www.reviewplace.co.kr
- 서울오빠 https://www.seoulouba.co.kr
- 디너의 여왕 https://dinnerqueen.net
- 택배의 여왕 https://tqueens.net/
- 뷰티의 여왕 https://bqueens.net/
- 모두의 블로그 http://www.modublog.co.kr
- 놀러와 체험단 https://www.cometoplay.kr
- 포블로그 http://4blog.net
- 픽미 https://www.pick-me.kr
- 핫블 http://hotble.co.kr
- 시원뷰 https://www.sioneview.com
- 리뷰통 http://reviewtong.co.kr
- 클라우드 리뷰 https://www.cloudreview.co.kr
- 리뷰쉐어 https://reviewshare.io
- 파인앳플 https://www.fineadple.com
- 구구다스 https://www.99das.com
- 리뷰노트 https://www.reviewnote.co.kr
- 리얼리뷰 https://blog.naver.com/real_review
- 체리플 https://www.cherrypl.com
- 블로그동스쿨 https://www.blogdong.com

3 광고성 포스팅 대행 (기자단)

기자단이라 불리는 활동은 크게 두 가지 방법이 있습니다. 첫 번째는 사진과 원고를 제공받아서 블로그에 똑같이 올려주는 형식입니다. 받은 자료를 거의 그대로 업로드하는 방식이라 원고료는 5,000원~50,000원 사이로 그리 많은 편은 아닙니다. 방문자 수가 많지 않아도 의뢰가 들어올 수 있다는 점은 초보 블로거들에게 장점으로 다가올 수 있으나, 그리 추천하는 방식은 아니에요. 똑같은 자료가 다른 블로거에게도 제공되었을 가능성이 있기 때문에 유사문서로 분류될 위험이 있거든요. 그럼 네이버 A.I.가 적발하여 내 블로그 해당 글이 스팸필터로 분류될 가능성이 있습니다. 더 나아가 지금은 없어졌다고 말하지만 그럼에도 저품질에 걸릴 가능성이 있습니다. 내가 만약 매일 매일 5,000원~10,000원짜리 기자단 활동만 할 예정이고 블로그 브랜딩이나 더 큰 수익은 원하지 않는다고 한다면 시도해볼 수는 있겠지만, 블로그를 그렇게 운영하기란 쉬운 일이 아닙니다. 일단 블로그 활동을 시작하면 정이 들고, 애정이 생길 테니까요. 브랜딩 욕심도 나고, 더 넓은 인플루언서 세계로의 확장을 분명히 할 수 있다는 걸 느낄 테니까요. 직접 촬영한 사진과 직접 작성한 원고가 좋은 포스팅입니다. 네이버는 콘텐츠를 직접 만들어내는 창작자를 원합니다.

두 번째 방식은 주제를 던져주고, 블로기가 알아서 원고를 작성하는 방식입니다. 무형의 서비스일 경우가 많습니다. 예를 들면, A라는 지역의 어느 축제가 열리기 전에 해당 축제를 미리 광고하는 기사를 작성하거나, B라는 카드사가 새로 신용카드를 론칭함과 동시에 해당 신용카드 혜택을 정리하여 작성하는 포스팅을 말합니다. 이는 광고업체가 주는 원고를 그래도 작성하는 일이 아니기 때문에 원한다면 도전해도 좋습니다. 하지만 내 블로그 주제와 결이 맞는지는 미리 고민해보고 결정하는 게 좋겠죠?

이러한 광고성 포스팅 대행 작업은 광고대행사가 보내는 이메일을 통해 의뢰받은 형식으로 진행하기도 하고, 위에서 소개한 체험단 사이트에서도 진행이 가능합니다. 또한, 지인의 사업을 홍보해주는 도움을 줄 수도 있겠지요. 원고료는 보통 한 달 단위로 정산하여 세금을 제하고 입금되는 방식입니다. 세금을 제하지 않고, 당일 입금을 원칙으로 한다는 업체들은 한 번쯤 의심해볼 만합니다. 사업자로 등록하고, 공정하게 운영되고 있는 회사인지 확인해 볼 필요도 있습니다.

이는 블로그를 오래 운영하여 블로그의 생리를 잘 아는 경우에 해당합니다. 내 블로그를 잘 키운 뒤에 그 블로그를 포트폴리오처럼 예시로 들어 다른 사업체의 블로그도 대신 운영해주는 사례입니다. 본인의 블로그를 운영하는 것도 꽤 시간이 많이 투자되는데, 한 사업체의 블로그 운영 대행을 맡는다는 건 직업정신을 가지고 도전해야겠죠.

대부분의 크고 작은 기업체들의 블로그는 내부에 마케팅 부서가 있기도 하지만, 블로그나 인스타그램은 대행업체에게 맡기는 편입니다. 대행업체가 아니라, 개인 사업자에게 맡기기도 합니다. 사업체 블로그 대행은 해당 사업체로부터 제공받은 자료를 정리하여 키워드와 본문을 직접 채워가며 하나의 블로그를 키우는 과정입니다. 브랜드의 긍정적인 이미지를 잘 살려내야 하는 목표와 함께 적절한 소통도 이루어지도록 운영하는 게 좋습니다. 큰 회사일수록 개인보다는 광고 대행업체에 맡기는 경우가 더 많겠지만, 개인 대행에 맡겨 운영한다면 그만큼 그 사람(블로거)을 믿고 맡기는 이유가 분명히 있을 테니, 내 블로그를 운영하듯 정성스럽게 운영하는 마인드가 중요합니다. 나도 한 번쯤 해보고 싶다는 마음이 든다면 전문성을 가지고 도전해보시면 좋을 거예요. 시간 투자와 적절한 요령도 필요한 건 물론이고, 내가 어떻게 사업체 블로그를 대행 운영할 수 있는지를 잘 표현한 포트폴리오를 만들어 올려두는 것이 우선되어야 하겠죠?

⑤ 공동구매 진행

내 블로그가 어느 정도 성장하면, 체험단 및 원고 대행 의뢰 문의와 함께 공동구매 진행 문의도 받게 됩니다. 어떤 제품을 제공해 줄 테니 체험해본 후에 괜찮을 경우 공구를 진행해줄 수 있냐는 의뢰입니다. 내 블로그의 성향과 맞는 제품이거나 공구를 진행하는 데 걸림돌이 없다면 해볼 수 있겠죠. 블로거 본인의 성향과도 맞아야 함은 물론이죠. 수익은 판매가의 약 10~15%를 취하는 경우가 많지만, 이 역시 블로거(인플루언서)의 역량에 따라 조율이 가능합니다.

반대로 블로거가 먼저 공구를 제안해볼 수도 있습니다. 판매 허가가 되어 있는 제품인 경우에 해당하겠죠? 먼저 공구를 제안할 경우에는 과거 공구를 진행한 이력이나 결과를 포트폴리오로 만들어서 제출하는 것부터 시작합니다. 공구는 해보고 싶은데, 제안은 부담되는 분들은 공동구매 가능한 상품을 모아놓은 사이트를 검색하여 방문해보세요.

주의할 점이 있습니다. 공동구매 진행을 위해서는 사업자 등록이 필수라는 점입니다. SNS마켓이라고 불리기도 하는 공동구매는 개인 공간에서 구매가 이루어지기 때문에 세금 관련 정보를 제대로 인식하지 못하고 진행하는 분들이 있기도 합니다. 판매금액이 크지 않더라도 지속적으로 해보고 싶은 사업이라면 개인 사업자 등록을 해두는 것이 좋습니다.

<소셜미디어 채널에서 판매할 경우, 개인 사업자 등록 정보>
- 업종코드 : 525104
- 업태명 : 도매 및 소매업
- 세분류명 : 통신 판매업
- 세세분류명 : SNS마켓

한 가지 더 유의할 점은 현금영수증 발행 관련입니다. SNS마켓(공동구매)은 현금영수증 의무발행 업종으로 분류되어, 2021년 1월 1일부터는 10만 원 이상의 현금거래가 있을 시에 소비자가 요청하지 않아도 의무적으로 발행해주어야 합니다. 현금영수증을 발행하지 않을 시에는 미발행 금액의 20%

에 해당하는 가산세가 적용됩니다.

6 제휴 마케팅

가장 잘 알려진 방식의 예로 쿠팡 파트너스가 있겠죠. 그 외에도 마켓컬리나 아이허브, 네이버페이 등 추천 아이디 공유로 인한 수익창출이 있습니다. 쿠팡에서 물건을 구입한 후에 그 물건을 블로그에 소개하고, 구입으로 이어지는 링크를 삽입하는 형식이에요. 검색 이용자가 포스팅 속에 있는 링크를 통해 방문하여 구매까지 이어질 경우 블로거에게도 수익이 발생하는 활동입니다.

이때 문제는 내가 직접 사용하지도 않은 상품을 소개하기 위해 캡처한 사진을 이용하는 등 무분별하게 많은 링크를 걸어둘 때 발생합니다. 또한 쿠팡은 네이버와 쇼핑분야 경쟁사이기 때문에 블로그 포스팅에 자주 등장하면 좋지 않은 영향을 미친다는 소문도 있습니다. 이를 증명할 방법은 없지만, 아예 말이 안 되는 소문도 아니기 때문에 굳이 자주 할 필요는 없겠지요. 블로그 지수를 떨어뜨리는 결과를 가져올 수도 있기 때문에 적정 빈도수에 맞게 적절히 활용하면 좋을 것 같아요.

이 외에도 일 방문자 수와 블로그 지수가 점점 높아지면 제휴마케팅 의뢰가 들어옵니다. 제가 소개한 프로그램을 통해 넷플릭스에 가입하는 사람들이 생기면, 그 수익의 5%가 제게 들어오기도 하고, 제가 소개한 포스팅 링크를 통해 유튜브 음원 사이트에 가입하는 사람들이 몇 명 이상 생기면, 저는 해당 사이트를 무료로 이용할 수 있기도 합니다. 제가 소개한 여행 상품 링크로 전시회 티켓을 구매하거나, 교통권을 구매하는 사람들이 생기면 역시 해당 수익의 5-10%가 제게 돌아오기도 하고요. 이처럼 멀리 보고 블로그를 운영하다 보면, 언젠가 나도 다양한 수입원이 생겨서 정말 자면서도 수익이 생긴다는 말을 실감할 수 있을 거예요.

1 국내 여행 체험 및 팸투어 / 해외여행 원정대

여행 후기를 작성하는 조건으로 진행하는 여행 체험단 활동입니다. 체험단 대행업체 비롯, 항공사나 여행사, 여행잡지, 호텔 등에서 진행하기도 하지만, 한국관광공사나 해외 관광청 같은 관공서에서 진행하기도 합니다.

국내의 경우 당일치기 여행부터 한 달 살기까지 제공 내역이 다양합니다. 입장 티켓만 제공하기도 하고, 렌터카와 숙박만 제공하거나, 식사와 투어상품까지 다 제공히기도 하고요. 이러한 체험식 여행상품만 제공하기도 하고, 원고료까지 책정해서 제공하기도 합니다.

코로나19로 인해 변수가 생겼지만, 해외여행 역시 다양한 국가에 다양한 방식으로 여행상품을 제공합니다. 항공권, 숙박, 식사를 전부 다 협찬해주기도 하고, 포스팅 제작비(일정 여행비용)만 제공하고 모든 걸 자유여행으로 진행할 수 있기도 합니다. 개인적으로 의뢰를 받아 여행을 하거나, 단체로 짝을 지어 여행을 하는 경우도 있습니다. 팀 미션이 있을 수도 있다는 뜻이지요. 이때 팸투어란, 내가 함께 가고 싶은 지인이나 가족을 데리고 가는 게 아니라, 다른 블로거나 인플루언서와 함께 가는 걸 뜻합니다.

여행을 좋아하는 분이라면 평소에 관련 사이트나 공식 블로그를 자주 방문하여 모집 공고를 놓치지 마세요. 평소 여행 포스팅을 많이 해두는 게 선정에 도움이 되겠죠? 모집할 때 돼서야 아무리 '여행 다녀와서 포스팅 잘할 자신 있습니다.'라고 신청하는 건 아무런 효력이 없습니다. 평소에 잘 쌓아둔 여행 후기 포스팅이 곧 내 포트폴리오가 됩니다. 그렇게 여행 포스팅이 많이 쌓이면 내가 먼저 신청을 하지 않아도 관련 업계 관계자들이 먼저 제안 이메일을 보내기도 합니다.

관련 사이트 & 공식 블로그 예시를 몇 개 알려드릴게요.

- 네이버 여행플러스 https://blog.naver.com/the_trip
- 대한민국 구석구석 https://blog.naver.com/korea_diary
- 한국관광공사https://blog.naver.com/korea_diary
- 한국공항공사 https://blog.naver.com/prkac
- 빛나는 제주 https://blog.naver.com/happyjejudo
- 전북의 재발견 https://blog.naver.com/jbgokr
- EBS 세계테마기행 https://blog.naver.com/ebstheme
- 체코 관광청 https://blog.naver.com/cztseoul
- 프랑스 관광청 https://www.france.fr/ko
- 괌정부 관광청 https://blog.naver.com/gvbkorea
- 두바이 관광청 https://blog.naver.com/dubaitourism
- 스위스 관광청 https://blog.naver.com/swissfriends
- 페루 관광청 https://www.peru.travel
- KLM 네덜란드 항공 https://blog.naver.com/flyklm

책 출간

내 관심분야 포스팅을 꾸준히 하다 보면 책 출간의 기회로 이어질 수도 있습니다. 과거에는 출판사에서 직접 관심 있는 블로그나 카카오 브런치로 접근하여 책 출간을 의뢰하는 경우가 많았지만, 요즘에는 1인 1책 시대인 만큼 책을 출간하는 분들이 많다 보니 직접 실행에 옮기고 움직여야 성공 가능성이 높아집니다. 책 출간은 무조건 인기 있는 인플루언서만의 전유물이라고 오해하지 마세요. 일 방문자 수가 조금 적어도 꾸준히 소통하는 찐 이웃들이 있고, 나만의 색깔이 확실하게 드러나는 블로그를 운영하고 있다면 충분히 가능해요. 제 블로그 이웃님들 중에서도 그런 사례를 많이 보았습니다.

일단 책을 한 번 출간하면 감이 잡히기 때문에 두 번째, 세 번째 책을 내기가 쉬워집니다. 그렇다고 해서 등 떠밀리듯 아무렇게나 책 출간을 하면 안 되겠지요? 내가 책을 좋아하는 사람인지, 책을 꼭 내고 싶은 마음이 있는지, 지금 내가 하는 일과 연관 지어 활용할 수 있는지 등을 먼저 생각해보는 시간이 꼭 필요해요. 빠른 시간 내에 책을 쓰려고 하기보다는 오랜 시간 기획하고, '잘' 쓰는 정성과 노력도 필요하고요. 무작정 기대에 부풀어 책 출간을 시도했다가 오히려 실망하는 결과를 가져올 수도 있습니다. 무슨 일을 새로 시도할 때는 충분히 준비하고 노력하는 시간이 필요합니다. 이를 위한 도구 중 하나로 블로그를 활용할 수 있습니다.

책을 출간하려면 가장 먼저 해야 하는 일은 무엇일까요? 바로 '글 충분히 모으기'입니다. 처음부터 책을 출간하려는 목적으로 카테고리를 하나 지정하여 글을 모으는 방법도 있겠지만, 포스팅을 하다가 모인 글로 책을 출간할 수도 있습니다. 대신 블로그에서 포스팅하는 방식을 그대로 책으로 옮길 수는 없으니 책에 어울리는 에세이를 써두어야 하겠죠. SNS에서 사용하는 어투와 책에서 쓰이는 글투는 달라지기 마련이니까요. 아무리 가볍게 읽을 수 있는 책이 많아지고 있긴 하지만, 책을 대하는 소중한 마음가짐을 갖는 것부터가 시작이라고 생각합니다. 혼자 보는 컴퓨터 파일에 글을 모아도 되지만, 이왕이면 글의 일부를 올리기 시작하면서 다른 사람들의 반응을 살피는 건 큰 도움이 됩니다. 예비 독자를 만날 수도 있고, 미래에 출간될 내 책을 위한 마케팅이 이미 시작되고 있다고 볼 수도 있습니다.

글이 어느 정도 모아졌다고 생각하면 출판사에 '투고' 메일을 보낼 차례입니다. 긴 글이 최소 20편 이상 모아져야 충분한 준비가 되었다고 볼 수 있습니다. 출간기획서도 꼼꼼히 작성해야 하는데요, 이때 중요하게 작용하는 요인 중 하나가 바로 예비 작가의 마케팅 능력입니다. 요즘에는 출판사의 힘만으로는 책을 판매하기가 쉽지 않아요. 작가 스스로 마케팅할 능력이 있는 건 필수조건이자, 커다란 장점이 됩니다. 마케팅을 위한 채널을 시작할 때는 블로그만큼 접근하기 쉬운 건 또 없겠죠? 출간에 관해 더 궁금하신 분은 Erin쌤 블로그의 출판일기 게시판을 찾아주세요. 저의 책 세 권이 나오기까지의 과정이 상세하게 기록되어 있답니다.

최근에는 전자책 출간에 도전하는 분도 많습니다. 내가 가진 전문 지식을 문서로 만들어 판매하는 일이지요. 스마트스토어나 개인 SNS를 통해 판매할 때에는 개인 사업자 등록이 필요하지만, 크몽(https://kmong.com/)이나 탈잉(https://taling.me/) 같은 프리랜서 플랫폼에 등록하여 판매 수수료를 받는 방법도 있습니다.

'나'라는 브랜드가 내세우는 강점을 꾸준히 블로그에 포스팅하면 하나의 포트폴리오가 완성될 수 있습니다. 최대 5개까지 블로그 대표 공지사항으로 올릴 수 있다는 것을 고려하여 대표 포스팅을 선정할 수 있기도 하고요. 이미 책을 출간했다면 책 역시 나를 나타낼 수 있는 하나의 수단이 되겠지요. 블로그에서 '나'라는 브랜드가 잘 해낼 수 있는 강점을 끊임없이 어필하세요. 이제 내 전문 분야를 중심으로 강의도 하고 컨설팅도 할 수 있는 준비를 마쳤습니다. 먼저 내 블로그에서 강의를 열어보세요. 내가 잘 할 수 있는 명확한 주제가 있어야 합니다. 혹시 처음이라서 '누가 들을까?' 걱정이 된다면, 무료 강의를 열어보세요. 온라인 강의로 시작해도 좋고, 작은 스터디 카페에서 오프라인 강의로 시작해도 좋습니다. 무료 강의를 열었다면, 강의 수강생분들께 강의 후기를 요청하세요. 그렇게 몇 번 경험이 쌓이다 보면 내 블로그에서도 정기적인 강의를 진행할 수도 있고, 다양한 기관에서 강의를 시도할 수도 있습니다.

강의 계획서나 컨설팅 제안서를 쓸 때, 나의 블로그도 함께 소개하세요. 내 블로그에는 그동안 강의했던 이력과 후기가 남아있을 테니까요. 나의 일상을 조금 보여주어도 괜찮습니다. 강사라고 해서 블로그 전체가 강의 관련 글만 있어야 하는 건 아닙니다. 평소에 원고 의뢰나 강의 의뢰를 담당하시는 분들이 나의 SNS를 둘러볼 가능성도 있습니다. 그러려면 유입을 통해야 하기 때문에 블로그를 꾸준히 운영하고 있어야 합니다. 강의 내용만으로 블로그를 채우고 유입을 기대하기엔 어려움이 있겠죠?

강의를 할 때마다 시기를 미루지 말고, 강의 후기를 기록으로 남겨두세요. 다음 강의를 제안받거나 책을 쓸 때 도움이 될 수 있습니다. 강의나 컨설팅을 할 수 있는 주제는 무궁무진하겠지요. 일일이 열거하지 않아도 여러분이 가장 잘 알고 있을 거예요, 나만의 강점은 내가 찾아가기로 해요!

10 개인 홍보 및 사업 마케팅

요즘 퍼스널 브랜딩, 셀프 브랜딩은 필수입니다. 하물며 내가 하는 사업이 있다면? 책을 출간한 작가인가요? 굿즈나 액세서리를 판매하는 스마트 스토어를 운영하나요? 식당을 운영하거나, 앱 개발을 진행 중이거나, 새로운 사업을 구상 중인가요? 무슨 일을 하든 대부분 마케팅은 필수입니다. 현존하는 마케팅 회사와 광고 방식은 매우 많지만, 본인이 직접 나서서 하는 것도 필요하지요. 내가 가장 잘 알릴 수 있는 장본인일 테니까요. 마케팅 비용도 절감하고, 동시에 수익까지 창출하는 경험을 꼭 이뤄보세요.

블로그 방문자 수를 약 100명~500명까지만 끌어올려도 체험단과 광고성 포스팅을 의뢰하는 이메일과 쪽지가 빗발칩니다. 블로그를 임대한다고 하거나, 구입하겠다는 의뢰도 들어오죠. 이런 시기부터 체험단 활동을 할 수도 있겠지만, 내가 블로그를 시작한 이유와 내가 진정으로 원하는 체험단 활동 및 최종 목표 또한 잊지 마세요. 업그레이드하기까지 조금 더 시간이 걸릴지라도 탄탄한 블로그를 만들기 위해 노력하면 훨씬 만족도가 높은 수익창출을 이뤄낼 수 있을 거예요. 무엇보다 내가 하는 일(사업), 나를 알리는 일(브랜딩)을 스스로 잘 해내려면 블로그 운영은 장기전으로 보고 꾸준히 해나가야 합니다. 내가 원하는 시기가 올 때까지는 진정성 있는 양질의 콘텐츠를 꾸준히 만들어봅시다. 한 달 만에 1일 방문자 수 1,000명 이상 도달을 목표로 힘내 보아요!

11   인플루언서 활동

인플루언서 서비스는 분야별 전문 창작자를 우대하는 새로운 검색 시스템입니다. 블로그에서는 주요 주제를 정했다 할지라도 다른 주제의 포스팅을 자유롭게 할 수 있지만, 인플루언서 홈에서는 한 가지 주제와 관련된 콘텐츠만 업로드가 가능하고, 이를 키워드 챌린지라고 부릅니다.

네이버에 인플루언서 탭이 생겼기 때문에 검색 이용자의 취향에 맞는 인플루언서 결과만 찾아볼 수 있게 되었습니다. 일반 블로거와 다른 점이 있다면, 블로그 방문자 수가 많지 않더라도 다른 SNS에서 한 분야에 두각을 보이는 활동을 하고 있다면, 인플루언서 활동이 가능하다는 점이에요. 블로그 방문자 수가 많지 않더라도 유튜브나 인스타그램에서 열심히 활동하고 있다면 한 번 도전해보세요. 대신 한 분야에서 전문성을 드러내야 하고요. 블로그 활동이 활발하다면 더욱 좋겠죠.

인플루언서 활동은 새로운 콘텐츠를 만드는 게 아니라, 이미 작성한 콘텐츠를 끌어오며 이루어집니다. 네이버에서 정해놓은 키워드에 맞는 콘텐츠를 올리는 건데요, 최근 2년 내에 만들어놓은 콘텐츠 중에서만 가능하며, 하나의 키워드에 최대 3개의 콘텐츠까지 도전 가능합니다. 키워드챌린지를 열심히 할수록 순위상승을 겪게 되고, 그만큼 방문자 유입 및 애드포스트 수익이 늘어납니다.

블로그만 하지 않고, 인플루언서 활동까지 하면 좋은 점은요?

인플루언서가 작성한 블로그 포스팅이 검색 시에 상위에 뜰 확률이 높아요. 뿐만 아니라, 내가 도전한 키워드 챌린지가 상위 랭킹을 차지하면 프리미엄 광고가 붙습니다. 애드포스트 수익에 도움이 된다는 뜻이겠죠? 인플루언서 도전을 한번에 성공하려면 최소한 2개 이상의 SNS에서 한 가지 주제의 포스팅을 꾸준히 해온 이력이 있어야 해요. 블로그 제목이나 게시판 역시 내가 도전하려는 인플루언서 주제에 맞게 재정비하는 시간도 필요합니다.

팔로워나 구독자 수가 높으면 도움이 되는 건 물론이지만, 얼마나 전문성을 띠고 한 가지 주제에 집중하여 운영하는 블로그인지가 가장 중요합니다. 인플루언서 도전에 한 번 떨어졌다고 해서 실망하지 마세요. 최근 블로그 활동을 하는 사람들이 늘어나고, 인플루언서에 도전하는 분들도 늘어났기 때문에 단 한 번에 인플루언서가 되는 건 쉬운 일이 아닙니다. 10번 이상 실패하더라도 계속 도전하세요. 내가 도전하고자 하는 인플루언서 주제에 맞게 블로그 환경(pc버전, 모바일버전 둘 다)도 다시 세팅하고, 게시판도 점검하세요. 인플루언서에 선정되기까지는 해당 주제 포스팅에 주력하세요. 단순 블로그 활동을 하기보다는 인플루언서 활동까지 함께 해야 수익은 물론, 브랜딩 확장에도 도움이 됩니다.

체험단을 모집하는 소상공인들께 드리는 팁

저의 이야기를 예로 들어 시작할게요. 저 역시 블로그 초보 시절에 체험단을 많이 했어요. 지금은 블로그가 훌쩍 성장하여 체험단에 시간을 투자하는 일은 거의 없어요. 제게 중요한 가치가 돈에서 시간으로 옮겨가고 있기 때문입니다. 일부 음료나 서비스를 제공받기 위해 이동하고, 시간 내어 체험하고, 후기 작성에 공을 들이는 것보다는 제가 기획한 콘텐츠를 발행하는 게 더 중요할 때가 많아졌기 때문입니다. 그럼에도 불구하고 타이밍이 잘 맞아떨어질 때가 있겠죠. 제게 꼭 필요한 제품 의뢰가 마침 들어왔거나, 제 흥미를 불러일으킨 서비스라면 말이죠.

얼마 전에 꽃집 체험단 의뢰를 받은 적이 있습니다. 마침 저는 이사 준비 및 여러 가지 일로 기분 전환을 하고 싶었기 때문에 제안을 수락했습니다. (이런게 바로 타이밍이죠!) 평소에는 화려한 꽃다발을 선호하지 않지만, 이번에는 제안해주신 화려한 꽃으로 리프레시 하고 싶다는 기분이 들었습니다. 마침 집에서 가까운 꽃집이라 부담도 없었고요. 제안이 들어오지 않았다면 꽃 생각은 하지도 않고 지나갈 나날들이었습니다.

약속한 날짜에 동네 꽃집에 도착했는데, '블로거'라고 쓰인 꽃이 화병에 꽂혀 있었어요. '설마 저건 아니겠지.'라고 속으로 생각했습니다. 분명히 4-5만 원 상당의 꽃다발이라는 제안이었고, 평소 제가 구매하던 꽃 종류와 사이즈를 머릿속에 그리고 갔기 때문이에요. 도착하자마자 체험할 꽃을 보여주지도 않고 말로만 포스팅에 들어가야 할 내용을 줄줄이 읊어주시는데, 그때 이미 '거절해야겠다.'라는 생각이 들었습니다. 포스팅에 꼭 넣기 원하는 키워드나 내용이 있다면 문서화해서 전달해주셔야 합니다. 이미 친한 사이라면 알아서 잘해주겠지만 말이죠.

"혹시 이게 제가 체험할 꽃인가요?"라고 물으니, 그렇다고 하셨습니다. 4-5만 원 상당의 꽃을 그 자리에서 만들어주는 건 줄 알았다고 하니 어색하게 웃으시며 원하는 꽃이 있느냐고 물으셨어요. 마침 꽃집에 (가격이 표기된) 꽃다발 중에서 4만 원짜리도 있고, 5만 원짜리도 있길래, "그럼 이 둘 중 하나 가능할까요?" 하고 물으니, 안된다고 하셨습니다. 그래서 저도 정중하게 말씀드렸어요.

"저는 제가 예쁘다고 생각한 꽃이 아니면 예쁜 후기를 기분 좋게 쓸 수 없을 것 같아요. 원래 제안 주셨던 대로 여기 있는 4-5만 원의 꽃을 체험하거나, 아니면 취소하겠습니다."

그랬더니 알았다고 취소를 진행하셨습니다. 장담하건대, '블로거'에게 주려고 했던 그 꽃은 버려졌을 거예요. 그건 도저히 누군가에게 팔 수 있을 정도의 퀄리티가 아니었어요.

체험단 의뢰 쪽지는 사장님 본인이 아니라, 직원이 보낸 거라 잘 모르겠다고 하셨어요. 무작위로 쪽지를 보내고, 누가 체험하는지도 모른 채, 해당 블로거의 닉네임이 기록되어 있지 않은 체험단은 신뢰성이 떨어집니다. 그날 저는 꽃집에 왔다 갔다 한 시간이 아까워 속상했습니다.

여러분은 여기서 어떤 걸 느끼시나요? 이 일을 겪은 후, 아래 내용을 정리해 보았습니다.

① 체험단은 직접 컨택하는 걸 원칙으로 하되, 여의치 않으면 담당자를 지정하고, 교육하세요. 혹은, 믿고 맡길 수 있는 확실한 대행사를 찾으셔야 합니다. 위와 같이 무작위로 쪽지와 메일을 보내는 경우가 가장 흔합니다. 그런데 어떤 블

로거에게 어떤 제안을 했는지 잘 알지도 못하면서 나중에 그 후기의 퀄리티를 평가할 자격이 있을까요? 혹시라도 후기를 쓰지 않고 사라졌다고 불평할 수 있을까요? 블로거도 체험권을 얻었다면 정성스러운 후기를 쓰는 건 당연한 일이지만, 최소한 사장님(회사 대표)이라면, 마케팅에도 관여를 해야 합니다.

너무 바빠서 시간이 없을 경우에는, '전문' 마케터에 투자하세요. 같은 마케팅 대행사라도 투자 금액에 따라 결과값이 달라집니다. 어느 마케팅 회사가 좋을지는 직접 잘 알아보는 노력이 필요합니다. 흐지부지 돈 쓰고, 기분 상하는 일은 서로 없어야지요. 대기업이야 마케팅에 수많은 돈을 들이겠지만, 소상공인에게는 리뷰 하나도 중요합니다.

② 블로그나 인스타 운영에도 직접 관여하는 시간이 필요합니다. 저의 블로그 이웃님들 중에서도 사업체 블로그 직접 운영하는 대표님들이 계십니다. 두말할 필요 없이 사업은 번창하고 있습니다. 블로그를 조금만 둘러보면, 포스팅에 애정이 담겨 있는지 아닌지 표시가 납니다.

바쁠 시기에는 단기간으로 대행업체를 써야 할 경우가 있더라도, 역시 좋은 마케팅 업체를 선정해 맡기세요. 대행사가 하는 포스팅 중간중간에 사장님도 포스팅에 관여하세요. 가끔은 이웃들과 소통을 할 수도 있고, 사업하다 힘든 일, 기쁜 일을 나눌 수도 있어요.

내 사업 관련 후기가 올라온 것도 살펴보고 고쳐야 할 점이 있는지 확인하거나, 좋은 후기를 찾았다면 감사 댓글을 할 수도 있겠죠?

그래야 블로그와 인스타 생리를 이해하고, 어떤 게 좋은 마케팅일지, 어떤 게 좋은 포스팅인지, 영향력 있는 인플루언서는 어떤 건지, 감을 잡을 수 있습니다. 그래야 만족할만한 체험단을 모집할 수 있습니다. 단순히 방문자 수 많고, 팔로워 수가 많은 게 정답이 아닙니다.

③ 체험단에 너무 인색하지 마세요. 체험단 모집이 끝난 후에 제안 내용을 공지 없이 바꿔도 안 됩니다. 제 블로그 이웃들 후기 글에 보면 '갑자기 체험 내용을 바꿔 기분 상했다.'라는 글이 종종 올라오기도 합니다. 서비스를 제공하는 입장도 이해는 하지만, 서비스를 받는 사람도 시간과 노력을 쓴답니다.

특히 상위 인플루언서라면, 본인의 콘텐츠에 더 정성을 쏟기 마련이에요. (물론 아닌 사람도 있긴 하겠죠. 그래서 직접 다양한 채널을 운영해보며 '보는 눈'을 키워야 하는 거고요.)

처음 제안했던 것에 비해 제공하는 서비스 상품가치를 갑자기 축소하면 그로 인해 가져올 나비효과를 무시할 수 없습니다. 그뿐 아니라, 체험단에게 불친절하게 하는 행동도 위험합니다. 얼마나 큰 잠재고객이 될지는 아무도 모르는 일이에요. 나에게 오는 인연을 어떻게 해서든 끊어내려고 하지 마세요. 약속된 서비스 제공과 동시에 친절까지 구비한다면, 그로 인한 나비효과 역시 커질 수 있어요. 물론, 마케팅에 앞서 가장 중요한 건 서비스의 품질이겠지만 말이죠.

어쩌면 기본 중의 기본인 이런 마인드가 없이 무작정 사업을 시작하고, 체험단을 모집하는 것은 별로 좋은 효과를 불러일으킬 수 없습니다. 이 책을 읽고 있는 여러분이 만약 사업을 시작하려는 예비 창업자라면, 미리 마케팅을 몸소 체험해보는 시간을 충분히 가지는 걸 추천드릴게요.

블로그 잘하려면 : 긍정의 마인드 가지기

블로그는 접근하기 가장 쉬운 플랫폼이라고 볼 수도 있지만, 최근에는 블로그 운영이 어렵다는 말도 많이 합니다. 초보 블로거들뿐 아니라, 이미 오랫동안 블로그를 운영해온 분들도 말이죠. 그건 저에게도 해당하는 말이겠죠? 로직은 꾸준히 바뀌고, 바뀐 알고리즘이나 정책에 맞춰서 하려 해도 꾸준히 + '잘'해야 한다는 부담도 생기니까요. 상위노출이 잘 되고, 방문자 수가 높더라도 브랜딩까지 다 잡기 힘들고 말이죠.

블로그로 수익화하고 브랜딩하려고 매일 많은 분들이 유입되고 있지만, 그만큼 그만두는 분들도 많습니다. 단기간에 뭐든 해내려고 하다 보니 힘들어서 지쳐버렸기 때문일 거예요. 반면, 나만의 기록으로 소소한 일상을 나누는 분들은 꾸준히 해나가는 분들이 많으세요. 방문자 수와 상관없이 기록을 이어가는 블로그가 그렇죠. 네이버에서 시작한 블로그 주간일기 챌린지도 한몫해서 블로그에 기록하는 사용자도 많아졌고요.

꾸준히 기록하는 일. 뭐든 꾸준히 하는 일은 중요하지만, 저는 여기에 더해서 '잘'하려는 노력이 조금 필요하다고 봐요. 더 중요한 건, '긍정' 한 스푼이요!

무슨 말이냐 하면 긍정의 마인드를 일단 장착하는 거예요. 뉴스를 보고 화가 나는 일이 있어도 글을 쓰면서 화를 풀되, 욕을 쓰거나 부정의 말을 마구 내뱉지 않는 거요. 책을 읽고 너무 별로여도 굳이 너무 별로라고 쓰지 않고, 식당에서 음식이 너무 맛없어도 굳이 너무 맛이 없다고 쓰지 않는 거요. 무언가를 비판하고 비평하는 것도 중요하지만, 그 역할을 내가 할 필요는 없다고 생각해요. 내 직업이 평론가가 아닌 이상 말이죠. 그럼 거짓말로 무조건 좋다고 쓰라는 거냐고요? 그건 또 절대 아니에요. 우리에겐 비틀어 표현할 수 있는 기술이 있잖아요. 꼭 해야 할 말, 부당한 일을 겪었다면 부드럽게 돌려 말해도 되고요, 오히려 무덤덤하게 감정 없이 '사실적인' 부분만 서술하는 것도 방법이에요.

'블로거가 의견도 내지 말라고 하는 거 아닌가?' 하는 생각이 드나요? 절대 아니에요. 의견은 표출해야죠. 내가 추구하는 이론, 원칙, 고수해야죠. 그러나 전체적인 블로그 분위기가 항상

비판적, 부정적이고, 그래서 이 블로거가 화가 나 있는 느낌이
자주 든다면 어떨까요? 그 블로그는 크게 성장하기까지 확실히
더딜 것 같지 않나요?

제가 생각하는 부정적인 글이라는 건, 슬프거나 우울한 글과
는 결이 다른 말이에요! 제가 말하는 부정적인 글이라는 건, 남
을 비판하여 깎아내리거나, 굳이 나쁜 얘기만 주로 함으로써 억
지로 관심을 끄는 행동을 뜻한 거예요. 이런 블로그, 저런 블로
그, 다양한 블로그의 개성을 각각 존중하는 건 당연히 중요합니
다. 그러나 이 책을 읽은 뒤에는 공개적으로 글을 쓸 때, 특히 블
로그로 성장해서 수익창출과 브랜딩을 다 이루고 싶다면? 긍정
마인드 장착이 중요하다는 걸 강조해봅니다.

긍정 마인드를 장착하면, 남과 비교도 덜 하게 됩니다. 내가
부족해 보일 때, 나와 다른 의견에 맞닥뜨렸을 때, 부정적인 댓
글 같은 악플을 받았을 때에도 크게 흔들리지 않고 블로그를 운
영할 수 있습니다. 우리는 누구나 슬픈 일, 우울한 일, 화나는 일
이 있을 텐데, 그걸 다 참고 숨기라는 말이 절대 아닙니다. 우울
한 일이 있으면 블로그 이웃님들과 슬픔을 나누기도 하고, 억울

한 일이 있으면 함께 화내주는 이웃님들과 화도 풀어야죠. 단지, 블로그의 전반적인 분위기가 불평, 부정, 분노로 가지 않도록 조절을 하면 좋다는 뜻입니다. 단어 하나, 문장 하나에 블로그 주인인 '나'를 곁들인다고 생각해보세요. 긍정의 마인드를 가지고 블로그를 운영하면 중심을 잡기가 훨씬 쉬워집니다.

성취와 수익 모두 다 가져가세요

처음 여행 떠난 날을 기억하시나요?

설렘, 환희, 낯선 세상을 향한 두려움까지…. 여러 가지 감정이 섞여 잠도 못 이룬 채 카운트다운을 하며 여행 준비를 하던 그때, 저는 블로그를 통해 정보를 많이 얻었습니다. 여행을 다녀온 후 제가 경험한 것을 다른 사람과 공유하고 싶다는 생각을 했죠. 제가 받은 도움만큼 나누고 싶다는 생각을 했고, 실제로 도움이 되고 있다는 댓글을 보면 힘이 나기도 했고요. 직장인 여행자의 순수 취미생활이었기 때문에 이익 창출에 대한 욕심은 전혀 없었습니다.

그러던 어느 날, 어느 여행사에서 주최한 태국여행 후기 대회에서 1등을 해서 왕복 비행기 티켓을 받게 되었어요. 취미로 시작한 일인데 여행을 한 번 더 다녀올 수 있었죠. 블로그 활동에 재미를 붙일 수 있는 계기가 되었어요. 크고 작은 협찬이나 이벤트 당첨은 그 이후로도 쭉 이어졌습니다.

취미로 운영하던 블로그는 이제 퍼스널 브랜딩을 하는 공간으로 자리 잡았습니다. 아무것도 하지 않는 쉼과 여유를 즐기는 행복도 중요하지만, 내가 좋아하는 일에 몰두함으로써 느끼는 삶의 보람도 놓칠 수 없겠죠. 이제 블로그는 단순히 마케팅을 하는 공간이 아닙니다.

여러분이 좋아하고 잘하는 것을 풀어내다 보면 경제적 이윤도 자연스럽게 따라오는 섭리를 경험할 수 있을 거예요. 이 책을 쓴 이유이자 목적입니다. 성장하는 과정 속에서, 끈끈한 커뮤니티 속에서 성취와 수익, 그리고 인연과 경험을 다 가져가시길 바랍니다.

블로그
플래너

	SUN	MON	TUE	WED	THU	FRI	SAT
DAY							
포스팅 주제							
이벤트 마감							
이벤트 발표							
리뷰/원고 마감							
DAY							
포스팅 주제							
이벤트 마감							
이벤트 발표							
이벤트 마감							
DAY							
포스팅 주제							
이벤트 마감							
이벤트 발표							
리뷰/원고 마감							
DAY							
포스팅 주제							
이벤트 마감							
이벤트 발표							
리뷰/원고 마감							
DAY							
포스팅 주제							
이벤트 마감							
이벤트 발표							
리뷰/원고 마감							

블로그
플래너

	SUN	MON	TUE	WED	THU	FRI	SAT
DAY							
포스팅 주제							
이벤트 마감							
이벤트 발표							
리뷰/원고 마감							
DAY							
포스팅 주제							
이벤트 마감							
이벤트 발표							
이벤트 마감							
DAY							
포스팅 주제							
이벤트 마감							
이벤트 발표							
리뷰/원고 마감							
DAY							
포스팅 주제							
이벤트 마감							
이벤트 발표							
리뷰/원고 마감							
DAY							
포스팅 주제							
이벤트 마감							
이벤트 발표							
리뷰/원고 마감							

블로그
플래너

	SUN	MON	TUE	WED	THU	FRI	SAT
DAY							
포스팅 주제							
이벤트 마감							
이벤트 발표							
리뷰/원고 마감							
DAY							
포스팅 주제							
이벤트 마감							
이벤트 발표							
이벤트 마감							
DAY							
포스팅 주제							
이벤트 마감							
이벤트 발표							
리뷰/원고 마감							
DAY							
포스팅 주제							
이벤트 마감							
이벤트 발표							
리뷰/원고 마감							
DAY							
포스팅 주제							
이벤트 마감							
이벤트 발표							
리뷰/원고 마감							

블로그
플래너

	SUN	MON	TUE	WED	THU	FRI	SAT
DAY							
포스팅 주제							
이벤트 마감							
이벤트 발표							
리뷰/원고 마감							
DAY							
포스팅 주제							
이벤트 마감							
이벤트 발표							
이벤트 마감							
DAY							
포스팅 주제							
이벤트 마감							
이벤트 발표							
리뷰/원고 마감							
DAY							
포스팅 주제							
이벤트 마감							
이벤트 발표							
리뷰/원고 마감							
DAY							
포스팅 주제							
이벤트 마감							
이벤트 발표							
리뷰/원고 마감							

블로그
플래너

	SUN	MON	TUE	WED	THU	FRI	SAT
DAY							
포스팅 주제							
이벤트 마감							
이벤트 발표							
리뷰/원고 마감							
DAY							
포스팅 주제							
이벤트 마감							
이벤트 발표							
이벤트 마감							
DAY							
포스팅 주제							
이벤트 마감							
이벤트 발표							
리뷰/원고 마감							
DAY							
포스팅 주제							
이벤트 마감							
이벤트 발표							
리뷰/원고 마감							
DAY							
포스팅 주제							
이벤트 마감							
이벤트 발표							
리뷰/원고 마감							

블로그
플래너

	SUN	MON	TUE	WED	THU	FRI	SAT
DAY							
포스팅 주제							
이벤트 마감							
이벤트 발표							
리뷰/원고 마감							
DAY							
포스팅 주제							
이벤트 마감							
이벤트 발표							
이벤트 마감							
DAY							
포스팅 주제							
이벤트 마감							
이벤트 발표							
리뷰/원고 마감							
DAY							
포스팅 주제							
이벤트 마감							
이벤트 발표							
리뷰/원고 마감							
DAY							
포스팅 주제							
이벤트 마감							
이벤트 발표							
리뷰/원고 마감							